# 亲密关系

## 爱情是哲学更是艺术

张卉妍 著

中国华侨出版社

北 京

# 前言

人为什么会恋爱？一想到自己喜欢的人，就心花怒放、笑逐颜开；与自己喜欢的人分别，就心神不宁、寝食难安；一闭上眼睛，脑海中浮现的都是他（她）的身影……相信很多朋友都有过类似的恋爱体验。当我们遇到性情相投的异性时，经过一段时间的交往，会感觉彼此心灵相通，自然而然地就想待在一起。当然，也有人在初次邂逅时就凭直觉断定对方就是"我今生要找的人"。总之，爱情是个神奇的东西，它一直在我们身边，但何时降临就无从知晓了。

歌德说："哪个青年男子不善钟情，哪个妙龄女郎不善怀春！"正值青春年华，总要恋爱、觅偶，缔结美好、幸福的婚姻，这是人之常情。于是，在男女双方恋爱开始之前，总有一个追求与被追求的问题，不是对方向自己求爱，就是自己向对方求爱。

求爱，是打开爱情王国大门的金钥匙，是通往幸福玫瑰园的小径。求爱，并不是什么见不得人的事，而是人们正当的爱的权力。

每个未婚青年男女，都有权力向自己所喜欢、爱慕的人求爱。那么，如何求爱呢？这就是本书要讲解的内容。

本书通过精确地剖析非语言信号与神经系统连接的通道，让读者可以轻松了解对方的小心思，愉快地与异性沟通。

本书以五个求爱过程起始。第一步，吸引注意力，展示你的外表、性格以及被接近的意愿。第二步，是一个认识的过程。期间，你看到了对方的各种身体反应。若这个反应是积极的，你就可以迈出第三步，即交谈，用聊天来邀请对方；如果进行得顺利，就可以进入第四步：约会与接触。最后，如果求爱成功，就可以在第五步中得到性的契约。于是，爱情信号可以细化为在五个求爱步骤中相互传递的非语言信号、暗示和提示。在求爱的五部曲中，你将会了解到表情是如何积极地起作用的。然后本书又剖析了由肩膀、脖子、手臂、手等部位传达的无声信息，以及衣服、鞋子的款式、颜色的表达作用。通过破解空间、地点以及内心的信息——交往时的身体姿势，可以了解外部条件是如何帮助或阻碍交往过程的。气味、味道等由身体散发的化学物质也会表露心声，所以书中自然也涉及这些不可见的因素。

了解这些，在求爱中，你就可以更加清楚地知道言谈举止背后隐藏的动机、情感和感觉。他山之石，可以攻玉。换言之，通过对身体及语言信号的研究，去指导我们求爱，才能达到"知己知彼，百战不殆"的效果。

# 目录

引言 为什么爱上你爱的人 —— 爱情中的视觉吸引

## 第三章 迷人的脸蛋——吸引眼球的威力武器

## 第四章 体态的信号——身体如何吸引注意力

# 为什么爱上你爱的人——

## 爱情中的视觉吸引

人们是怎样坠入爱河的?

很多人都在研究,究竟是什么因素让陌生的男女相互吸引,人们是怎样坠入爱河的。所有的研究者,基本上都统一一个观点——男人首先是因为他遇到令他心动的女性而开始恋爱的,而女人却可以被一个她开始并不感兴趣的男人俘获芳心。

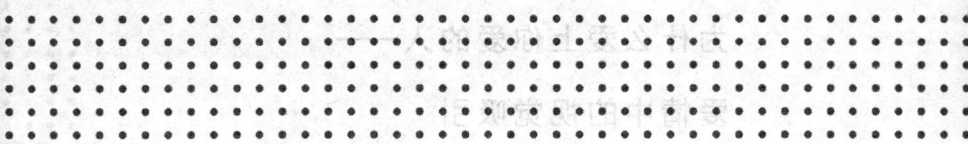

## 第一章

"我爱你"的秘密——
# 求爱的哲学

## ≈ 爱情的非文字语言智慧

人们常说"谈恋爱"，由此可见语言在两性关系中的作用。其实在爱情中，非文字语言也具有非凡的魅力，它们更能够反映一个人真正的思想、感觉和意图。无声的身体语言比任何语言都真实，所传递的爱情信号也更为强烈，更易于被你心仪的人所接收并产生共鸣。

无声的身体语言打开了隐藏在日常生活、感觉和恐惧背后的空间。据统计，非文字语言交流占总交流的百分之七十以上。在恋爱过程中，身体语言则占据了情感交流的百分之九十九之多。也就是说，人们通常是用肢体代替文字语言来表达感受的。

假如你了解了这一点，你就会发现，你看待爱情、追求爱情的视角发生了根本性的改变，你将不会再一味地依靠贫瘠的语言来表达你的内心，相反，在与心仪的对象接触、交往的整个过程中，你可以利用自己的每一个细微的动作，比如眼神的一次流转、眉毛的一次耸动，向对方传递你最真实的心意，而且这种传递是准确的，可以直达对方内心的。

有关爱情的身体语言是通用的。用于吸引异性的姿势、仪态、脸部表情在所有地方、所有社会、所有民族中都是一样的。

对视是母亲和孩子之间的一种亲密的眼神交流。温柔的母亲总把她的脸凑近离孩子几厘米远的地方，平视着孩子的眼睛，寻求愉快的眼神交流。她的凝视可以深深地打动孩子，当孩子感受到了由眼神所传递过来的爱意时，就会马上停止哭泣。通过眼神的凝视，母亲与孩子之间的感情也会逐渐加深。母亲与孩子间痴迷般的凝视，可以使孩子自然而然地协调动作、模仿母亲的脸部表情，这对于加强协调性和建立亲密感情起到了至关重要的作用。

对视也是一种世界范围的求爱仪式。亲密的夫妻把他们的脸凑到一起，锁定眼睛，深深地凝视对方，用来表达爱意。在一定意义上，他们变成了对方的孩子。对视，是一种潜在的爱情信号。

既然身体语言在世界上是通用的，那么你就不必为了吸引异性而去学习当地的语言。

琳达是一个高高的中年新泽西州人，讲英语。卡尔斯英语并不好，他们之间完全不用文字语言交流。在他们订婚之前，他们甚至从未对彼此说过一个清晰的单词。但身体语言帮助他们完成了言语所不能胜任的工作。

然而，虽然这种语言是通用的，还是需要对其进行深层次的剖析。其中一个原因是，今天，人们往往会因为工作等种种因素而推迟婚姻。结果，在吸引那些年长的、更明智的、更忙碌的、更挑剔的异性时，我们时常会感到有些困难。因为三十岁左右的成年人，早已不会像高中生那样神魂颠倒。

另一个原因是，如今的很多年轻人大多远离家乡来到一个陌生的城市求学、工作，当他们到了适婚年龄的时候，突然发现周围都是陌生人。为此，他们不得不使用婚恋网站约会服务，或去参加相亲会，或在报纸上登征婚广告，来寻找自己的伴侣。但令人遗憾的是，这些途径的效果并不尽如人意。因为在很多人心中都有同样的担忧：跟陌生人交往会不舒服、不可预测，甚至不安全。

当他们与陌生男女坐在咖啡馆里聊天的时候，脑海中经常会盘旋着各种各样的问题，比如：这个女人是认真的吗？她所说的是实情吗？我能相信这个男人吗？他慷慨大方吗？他危险吗？我应该发现什么线索呢？

对于这些问题，只依靠对方的话语是不能得到确切答案的，因为他可以用花言巧语蒙混过关。这时，身体语言的重要性就会凸显出来，因为从脸部、身体和手传递出来的信号是无法隐瞒和伪饰的。

诸如鼓掌表示兴奋，搓手表示焦虑，垂头代表沮丧，摊手表示无奈，捶胸代表痛苦。由肢体动作表达情绪时，或许当事人经常并不自知。当我们与人谈话时，时而蹙额，时而摇头，时而摆动手势，时而两腿交叉，我们多半并不自知。但我们可以通过对当事人肢体语言的观察，来了解对方的真实心境。

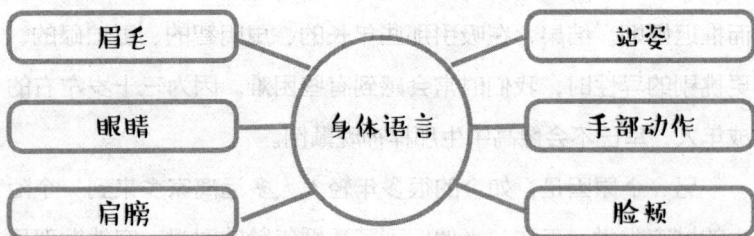

```
眉毛                 站姿
眼睛     身体语言     手部动作
肩膀                 脸颊
```

如何通过这些身体语言来了解对方的真实想法？你需要首先掌握使用这种交流方式的技巧，使其变成你的一种本能，然后你就可以自如地运用它们来向对方传递你想要传递的意图并且理解对方所传递的信号。

解读身体语言的四条法则：

1. 用心观察。

当你戴着眼罩的时候，是不可能看到你面前的人在做什么的。同样，如果你无法理解对方通过身体语言想要传递的信息，原因很可能是你忘了摘掉你的"眼罩"。

观察是与对方交往过程中必不可少的一个环节，用心去观察对方的每个表情、每个动作，当你注意到在对方身上所发生的每个细节变化的时候，他的思想也就尽在你的眼底了。

值得注意的是，观察并不像我们理解的那样，只要使用眼睛就可以了。"看"不是观察，观察是调动你的所有器官，眼睛、耳朵、鼻子甚至心灵来感受、体会、理解。

2. 连贯地理解。

任何身体语言都不会是单一存在的，因此，在理解它们的时候，我们也不能把每个表情或动作分割开来，孤立、片面地解读只会让我们对对方产生误解。比如，当你和你的相亲对象在饭馆里吃饭的时候，他忽然挠头，只根据这一个动作，你怎么能判断他到底是因为有头屑，还是尴尬，又或者是在撒谎？

所以，每个身体语言的具体含义都应该结合同时发生的其他表情和动作来进行连贯的理解。就像我们说话一样，每个动作就如同一个词语，这个词语包含的含义是多种多样的，你必须把这个词语放在具体的句子中，才能理解它所表达的真正含义。

　　3. 对比。

　　在与一个人交往的过程中，为了更好地理解他的身体语言，你还要学会对比，对比的对象是其"正常行为"和"异常行为"

◎ 左图为面容平静、身体姿态放松的人，右图为处于焦灼状态的人

首先你要了解他的"正常行为"是怎样的，比如他的坐姿、手和脚放置的位置，姿势及面部表情，头的倾斜度，甚至包括他们放置自己物品的位置，如通常会把钱包放在哪里等。在这个基础之上，你才会分辨出他的"正常行为"和"异常行为"有什么不同之处。

"正常行为"是"异常行为"的参照物，只有多对正常的东西进行观察，我们才能认识和区分出不正常的东西。

4.寻找一致性。

如果你与一个人在交谈，这时，你请对方发表对你所说的内容的意见。如果他回答说他赞同你的意见，那么，他通过身体语言所传递的信息是愉悦的，与他的话语应该是一致的。如果事实并非如此，比如他目光躲闪（逃避、不关心、没有安全感），并且将双臂环抱在自己的胸前（以示防御），那么，他有可能是在说谎。

身体语言与话语的一致性如同一把金钥匙，能帮我们更深入地了解身体语言的意图，从而解读出其背后的真正含义。

学会正确地利用身体语言与他人进行交流，扬其长，避其短，使身体语言真正为我们所用，无论是在日常生活中，还是在爱情中，都是十分必要的。如果你想在最短的时间里知道对方是不是认可你、愿意接受你，那就先看看他的身体在说些什么吧。

## ≈ 发现另类求爱术

爱情是生命中如水般重要的存在，是一门男人和女人的哲学，是充满着心理学的理论，对于恋爱心理学的专家而言，他们有着自己的另类求爱方法。

1."请君入瓮"。

"请君入瓮"这种另类的求爱办法常常会使对方俯首认"输"。这就像一位著名推销员贺伊拉所说："如果你想勾起别人吃牛排的欲望，把牛排摆在他的面前固然可以，但是最令人无法抗拒的是煎牛排的'吱吱'声，这会令他的脑海中马上浮现出牛排在黑色的铁板上香味四溢的画面。而这是对他最直接、最有效的刺激。"这就告诉我们，在求爱过程中，不妨设个"圈套"，赢得自己的爱情。

有的时候，在爱情里，太"老实"也不行，使点小招数可能会为自己赢得真爱。特别是我们已经心动可是对方的感情依旧不够明朗的时候，更要花一些心思，给爱情下个"套"，让对方爱上自己。

2.暗示比明示更容易捕获芳心。

暗示是指个体与他人交往中产生的一种心理现象，别人对自己的情绪和意志发生作用。那么，对方为什么会不自觉地接受各种暗示呢？心理学专家给出的说法是：要想回答这个问题，就必须对一个人进行决策和判断的心理过程有一个初步的了解。之所以要这样，是因为专家认为人的判断和决策过程，是由人格中的"自我"部分，在综合了个人需要和环境限制之后做出的。但是，人不是神，没有万能的自我、更没有完美的自我，因而"自我"并不是任何时候都是对的，也并不总是"有主见"的。基于这方面的说法，得出的结论是"自我"的不完美，以及"自我"的部分缺陷，就给外来影响留出了空间，给别人的暗示提供了机会。

有时候语言确实很苍白，不足以表达自己心里的感受，比如你爱上一个人，这时，如果有人问你爱他（她）什么，我们也很难讲出个所以然。因为那个时刻，只可意会。暗示作用，在本质上就是用别人的智能，影响或者干脆取代自己的思维和判断。当然，其本质很少能被受暗示者意识到。这些心理过程通常都发生在潜意识，也就是发生在不知不觉中。因此，在求爱的过程中，可以巧妙地运用好心理暗示这一法宝。他们会多给对方一些积极的求爱暗示，比如"你很棒，你一定可以的……""我最适合你……"之类的话，对方在你的爱情暗示下也一定会有所感应的。

3. 用幽默消除隔阂。

幽默是一个人有涵养的表现，是一种展现自我的很好很有效的方式。言语幽默的人处处受人欢迎，言语幽默的人更容易获取成功的机会。英国著名戏剧家莎士比亚说过："幽默和风趣是智慧的闪现。"法国作家雷格威更断言："幽默是比握手更进步的一大文明。"幽默是求爱时的润滑剂，有了它的推波助澜，我们可以在求爱过程中游刃有余。

曾经有一位男士与一位年轻的女士去相亲，他们到一个餐厅用餐，等了很久的时间，身边的人都已经上了菜，他们却只能眼睁睁地看着别人吃得津津有味，自己早已经是饥肠辘辘了。到了最后，这位男士把服务生叫了过来，问道："请问我和这位美丽的女士是坐在观众席上了吗？"聪明的女士马上就被逗笑了，本来尴尬的相亲气氛也因此而化解。服务生也马上道歉，到后厨督促厨师马上做了菜。

幽默是一门艺术，它能让一个人拥有魅力，合理地运用这门艺术能让人摆脱尴尬。利用幽默来化解尴尬，气氛轻松而又愉快，可以使求爱取得事半功倍的结果。

幽默并不仅仅是一种单纯说笑，它还是一种智慧的迸发、善良的表达，是交往的润滑剂，更是一种胸怀和境界。幽默不仅能增加你和对方之间的爱情荷尔蒙因子，更能让你的求爱之路顺畅一些。幽默就像阳光一样，可以使这个世界变得温暖明媚。因此，我们一定要培养自己的幽默感，消除对方的戒备心理，进而实施下一步攻心计划，最终赢得对方认可。

## ≈ 从心理学出发的求爱科学

美国著名作家、商界知名人士查尔斯·哈奈尔曾说过："我们生活在一个可塑的、深不可测的精神物质海洋之中。"在这个精神物质的海洋里，我们每个人都能感受到一种神奇而强大的力量，它支配我们的行动，时而带给我们喜悦，时而带给我们忧愁，时而带给我们深深的疑惑……

在这个纷繁复杂的世界，很多事情我们习以为常，很多想法或疑惑萦绕心头，但我们并不了解真相。大多时候，我们不是命运的囚犯，而是心灵的囚犯。因为，我们没有意识到操控着人类的神奇力量——我们的心理！

很多人都在研究，究竟是什么因素让陌生的男女互相吸引，坠入爱河的。多数的研究者都同意这样一个观点——男人首先是因为他们遇到了令自己心动的女性而开始恋爱的，而女性却可以被一个最初令她们不太感兴趣的男性俘获芳心。

社会心理学家们曾经针对两性坠入爱河的过程作过广泛的调查，我们为什么会选择了这个人？男女两性在选择爱人的理由上完全不同。男性在相识的最初，更容易被外貌所吸引，然后才是人格和个性。而女性则更倾向于因为男人的性格而爱上他们。

对于很多女性而言，一位男士对待她的方式，他的言行举止，将可能为女性制造出一种恰到好处的感情氛围，而这种氛围正是使得女性被吸引的开始。

要想俘获一个人的心，首先要读懂他的内心。当一个人对另一个说"我爱你"的时候，说"爱"的那个人所要表达的含义，和听的那个人，所理解的可能相差千里。每个人渴望从爱中得到的东西也是不同的。人们希望一开始的吸引力可以成为一段爱情的开端，而这吸引力也就是对方希望从"爱"中得到的东西。

在看到一对情侣的时候，大家经常会琢磨，她（他）是怎么看上他（她）的哪？

美国心理学家凯利提出一个心理学定律：晕轮效应，又称"光环效应"。它是指人们看问题时，像日晕一样，由一个中心点逐步向外扩散成越来越大的圆圈，是一种在突出这一晕轮或光环的影响下而产生的以点带面、以偏概全的社会心理效应。

无论在人际交往，还是认识事物时，人们经常从对方所具有的某个特性泛化到其他有关的一系列特性上，从局部信息形成一个完整的印象，即根据少量的信息对别人或其他事物做出全面的结论。它实际上是个人主观推断泛化和扩张的结果。在晕轮效应状态下，一个人或事物的某个优点或缺点一旦变为光环被扩大，其他缺点或优点也就隐退到光环的背后，被别人忽视了。

在求爱过程中，"情人眼里出西施"就是晕轮效应的表现。男人为爱慕之情所迷，便觉得所爱女子像西施一样，无处不美。黄庭坚曾有诗云"草茅多奇士，蓬荜有秀色。西施逐人眼，称心最相得"，便是由这句古话而来的。情人在相恋的时候，总是忽略对方的缺点，认为他（她）的一切都是好的，做的事都是对的，就连别人认为是缺点的地方，在双方看来也是无所谓的。

在19世纪40年代初的英国，有一个著名女诗人叫伊丽莎白·芭莉特。她原来是个卧床的病人，而且已经年近四十，始终没有出嫁。但她却写得一手好诗，拥有众多的诗迷。其中一个叫白郎宁的诗迷，比芭莉特小六岁，向她求爱。但她鉴于自己的身体状况，觉得两人并不合适，开始加以拒绝。但白郎宁坚持不懈，终于打动了她那颗已经封闭的心。两人第一次见面的时候，白郎宁拉着芭莉特的手说："你真美，比我想象的美得多。"爱的力量真是伟大，一段时间之后，芭莉特的病竟然奇迹般地好转了。

在一般人眼里，芭莉特相貌并不出众，而且身体还不健康，何美之有？可白郎宁却在她的诗里发现了她的内在美，由内向外扩散，芭莉特成了他眼里最美丽可爱的女人。

心理学家认为，这种效应是由于感知者的情感引起的对他人的一种主观倾向。由于我们在感知他人时有一种情感效应，我们对他人的评价就容易出现偏差，这一偏差表现为当某人或某物被我们赋予了一个肯定的、令我们喜欢的特征之后，那么这个人就可能被我们赋予许多其他的好的特征。反之，如果某人或某物存在某些不良的特征，那么，我们就会认为他所有的一切都是坏的。

再如登门槛效应，这个效应指一个人一旦先接受了他人一个微不足道的要求，为使自己的形象看起来不自相矛盾，在心理惯性的支配下，就有可能接受他人更高的要求，哪怕是原本不愿接受的要求。这种现象就好比登门槛，只要对方乐意稍稍打开一条门缝，让你登了他的门槛，你就有可能进入室内。

美国社会心理学家弗里德曼与弗雷瑟曾做过一个经典而又有趣的实验。他们派了两个大学生去访问加州郊区的家庭主妇。首先，其中一个大学生先登门拜访了一组家庭主妇，请求她们帮一个小忙：在一个呼吁安全驾驶的请愿书上签名。这是一个社会公益事件，而且非常容易，所以绝大部分家庭主妇都很合作地在请愿书上签了名，只有少数人以"我很忙"为借口拒绝了这个要求。

接着，在两周之后，另一个大学生再次挨家挨户地去访问那些家庭主妇。不过，这次他除了拜访第一个大学生拜访过的家庭主妇之外，还拜访了另外一组第一个大学生没有拜访过的家庭主妇。与上一次的任务不同，这个大学生拜访时还背着一个呼吁安全驾驶的大招牌，请求家庭主妇们在两周内把它竖立在她们各自院子的草坪上。

实验结果是：第二组家庭主妇中，只有17%的人接受了该项要求，而第一组家庭主妇中，则有55%的人接受了这项要求，远远超过第二组。

通过这个实验我们发现，答应了第一个请求的家庭主妇表现出了乐于合作的特点。当她们面对第二个更大的请求时，为了保持自己在他人眼中乐于助人的形象，她们会同意在自家院子里竖一块粗笨难看的招牌。

可见，一个人一旦接受了他人的一个小要求之后，如果他人在此基础上再提出一个更高一点的要求，那么，这个人就倾向于接受更高的要求。这样逐步提高要求，就可以有效地达到预期的目的。这就是心理学家所谓的"登门槛效应"。

在求爱过程中也存在这个心理学效应的影子。例如，男士在追求自己心仪的女孩时，并不是"一步到位"提出要与对方共度一生，而是逐渐通过看电影、吃饭、游玩等小要求来逐步达到目的。一个推销员，当他可以敲开门跟顾客进行交谈时，其实，他已经取得了一个小小的成功。在这种情况下，如果他能够说服顾客买一件小东西的话，那么，他再提出进一步的要求，就很可能被满足。这一切，无非是先越过对方的心理"门槛"，然后步步深入，最终达到目的。

诸多求爱路上的成功者，之所以能赢得美丽的爱情，也是因为深谙心理法则与定律的奥妙。这些法则与定律就像一盏盏明灯，点亮了我们求爱的道路。

## ≈ 认识谎言，才能识破谎言

美国的一位心理学家经过长期研究指出，人是爱说谎的动物，而且比自己所意识到的说得更多，平均每日最少说谎 25 次。所以，有些谎言或许并不是有心设计的，特别是恋爱之际，我们想让对方快乐，也想让自己快乐，谎言则是免不了的。

这个世界上不存在没有撒过谎的人，如果有人宣称他这辈子从来没有撒过谎，想必任何人都不会相信。我们无法否认也无法拒绝我们生活在一个充满谎言的世界里这一事实，正如法国的沃尔纳格所说，人生来都是纯真的，每个人死去时都是说谎者。的确，人人都会撒谎，从不撒谎的人大概只有三种：圣人、白痴、婴儿。撒谎可以说是人类天性的表露。

是什么在驱使着我们撒谎呢？是我们的大脑，我们的大脑从接收到信息到指挥身体各个部位发出信息的刹那之间，经过了高速而缜密的思维过程，掌握语言中枢的新皮质大脑会根据不同的情况分析出最佳的对话策略，于是就出现了撒谎的情况。

撒谎是受大脑支配的，每个人的大脑都由脑干、边缘系统和大脑新皮层三部分组成。其中，边缘系统对人类的非语言行为起着重要的作用，它主管人类的情绪和感觉功能。边缘系统的主要功能是对我们的听觉、视觉、感觉和触觉做出反应。这些反应是即时的、一瞬间的、无须经过思考的，因此，它就能对环境做出最诚实的回应。而大脑新皮层则掌管记忆、计算、分析、解析和直觉等高级思维活动，而这些能力的高级程度是人类这一物种独有的。由于它具备复杂的思维能力，所以这一部分的大脑和"边缘系统"不同，它并不总是老老实实的，相反，它会经常撒谎。人之所以会撒谎，都是因为这一部分的支配。

了解了人为什么会撒谎，还要进一步了解谎言的种类与撒谎人的心理。谎言的分类通常有以下五种形式，与之相对应的说谎心理也有五种。

第一种是防卫性谎言，这种谎言是最低层次的，最容易被人识破的。比如，一个孩子在摔碎一个碗时，对正要斥责他的父母说："我不知道是怎么回事儿，碗就掉在了地上。"再比如为了保护对方而说："这件事儿与他是无关的，都是我一个人干的。"等等。这种说谎的方式被称作是防卫性谎言。

说谎者说这种谎言的目的是保护自己和他人免受责罚，说谎者本身也知道这种谎言最容易被识破，但是为了达到保护的效果，他们还是会毫不犹豫地撒谎。

第二种是没有恶意的谎言，它们通常表现为社交客套话。比如为了推辞对方的邀约，就告诉对方："谢谢您的好意，不过今天晚上我走不开，与别人已经约好了。"再比如拜访很不愉快，但是出于礼貌，被邀请一方会说："谢谢您的邀请，今天我感到异常愉快。"

此种谎话方式下的撒谎者没有欺骗的意图，所以被称作是无恶意谎言。撒谎者如此说的目的是为了尊重他人，不让他人感到难堪。这种撒谎的方式对促进人际关系的发展具有巨大的作用，但是有人却持相反的意见，他们认为做人就要坦诚相待，否则就会显得虚伪。

第三种是病态谎言，以自毁为动机的谎言。病态谎言也称强迫性谎言，此种谎言不会给说谎者带来任何的好处。这种谎言不是自愿说出的，而是带有一定的强迫性，所以这种谎言听起来是荒诞的。幻想性谎言是其中最具代表性的形式，撒谎者讲述过去，以及现在生活中的故事。但是这些故事都是患者自己杜撰的，他们心里也清楚这些事情是根本不存在的。但是他们就是控制不住自己，会不断地进行下去。直到随着叙述，言语自相矛盾。

这种谎言是很难辨别的，因为说谎者编造的故事十分逼真，并且在编造故事的过程中，他们的情绪与说谎的内容具有同步性，所以辨别起来相当的困难。

第四种是利他谎言，撒谎者说谎的目的是满足听者的需要。在恋爱中的男女之间，这种利他谎言的作用好似润滑油一样，往往会收到很好的效果。比如，有的女性很会为自己的男友着想，担心对方的经济能力不够，因此，在约会的时候说："不知道怎么回事，我对出租车有畏惧感。""每次坐在高级餐厅或咖啡厅时，我总觉得浑身不自在，觉得那种地方过于严肃，不适合我。说起来，我还是喜欢坐在阳台上欣赏夜色，吃自己煮的面，这样没有拘束感。"若对方没有充裕的经济能力，听到这些话，

◎ 坐在高级餐厅，觉得浑身不自在

◎ 坐在阳台上欣赏夜色，没有拘束感

一定会为女方的温存体贴而感动。

这种谎言又被称作暗示性谎言，说谎者撒谎没有任何的恶意，说谎的目的是为了通过谎言对听者进行诱导，以减轻对方的痛苦，或者是增强对方的自信心、自尊心。

第五种是恶意谎言，这是谎言中最让人痛恨的一种，因为它是不道德的，撒谎是为了使自己获得利益。有时候这种谎言还带着对别人的诽谤与污蔑，比如一位因约会不成而恼羞成怒的姑娘对自己的朋友说："那家伙太小家子气，一毛不拔。"此种谎言是最恶劣的，它产生的影响也是巨大的，撒谎者说谎的目的就是为了诋毁对方，使自己获利。

在人与人交流的过程中，信息的全部表达是通过7%的语调、38%的声音以及55%的身体语言完成的。可见身体语言具有非常重要的作用。普通人为了掩盖某个事实，常常会说谎；了解心理学的人可以从对方一个不经意间的动作，了解到对方的真实意图。因此，在生活中，我们也要懂得控制自己的情绪，因为别人很容易从你的情绪中获得信息。

人们对于自己的真实意图无法掩盖的原因，就在于情绪具有一定的可控制性，以及情绪表现下的不可控性，也就是说，在求爱过程中，你可以在有意或者无意地"激将"下，观察对方的真实意图，读懂对方的谎言。

求爱的过程中，对于谎言，实际上很多都具有很高的识别力，就是所谓的女人的第六感。女人的感情细胞很发达，可以通过一句话或者一个表情来判断出对方是否在说谎。女人的"嗅觉"还是比较灵敏的，女人的大脑是多轨的，可以同时获得和分析不同的信息。但是男人的头脑就比较简单，一个时间只能处理一件事情。而且女人对于男人撒谎的内容会记忆得很清楚，所以男人撒谎时稍有漏洞就会被女人发觉。

其实，很多时候，求爱中的谎言会变成一种无意识的行为，因为人下意识会从趋利避害的角度来行动。虽然善意的谎言无可厚非，但是还是建议用心来说话办事，或许在当时当地会有些尴尬，但是对方总能理解真诚的心。

## ∾ 锁定求爱秘诀的使用对象

在交往之初，因为各种原因，对方不愿吐露更多的信息。而此时，就需要一些高明的搭讪技巧，这样才能获得对方更多的信息，快速拉近彼此的关系。

一般来说，人都喜欢能和自己坦诚相待的人交流，"交换信息"是非常有效的搭讪技巧。当我们先透露自己小时候的一段经历，和对方达成心理上的一致，先引起情感共鸣。对方也会处于虚荣心或是在"我也知道某某事"心态的驱使下，为我们提供同等程度的信息。

法国思想家司汤达说："向随便什么人征求意见，叙述自己的痛苦，这会是一种幸福，可以跟穿越炎热沙漠的不幸者，从天上接到一滴凉水时的幸福相比。"揭露自我的缺点，可以巧妙地引导对方唤醒这种本能欲求，使对方向你透露自身的弱点和秘密，彼此之间的关系也会变得更融洽。

巧妙地利用比如同理心、趋同心理和喜欢得到肯定的心理等等，从而总结出各种实用的搭讪技巧。在求爱过程中，我们一样可以利用这些技巧赢得自己的爱情。

汉克斯对同事爱丽丝有好感。某次，同事一起聚会，他看到爱丽丝接了一个电话，脸色变得很不好，就离开了聚会。汉克斯想了想，跟着爱丽丝走出了聚会厅。这时候，他发现爱丽丝目不转睛地盯着门发呆。

汉克斯看到爱丽丝形容憔悴，两只眼睛黑眼圈很重，脸色相当难看。他不动声色地轻轻走过去，跟爱丽丝随便聊了几句，说了一些自己工作的压力，并提醒大家都有压力，但是要学会宣泄，注意休息，身体是工作的本钱。还说工作上有什么困难尽管找他。

无助的爱丽丝这时候居然放声大哭起来，弄得汉克斯有些不好意思，但是汉克斯还是劝爱丽丝不要哭，他带着爱丽丝去了一个环境很舒适的咖啡馆聊了起来。原来爱丽丝这几天因为祖父去世心里很难过，而那些亲戚这个时候又要去和她爸爸分割遗产，闹得一家人非常不开心。而自己因为这事儿被折磨得心力交瘁，已经连续几天都没好好睡一觉了，身体不舒服不说，工作上的压力也非常大。

汉克斯没有预料到，自己和爱丽丝平时交流不多，虽然对她有好感，可顶多就见面打一声招呼而已。而看到爱丽丝如此信任自己，还把困难和私事和盘托出，汉克斯体会到了被对方信任的感觉。

这次之后，汉克斯经常会主动关心起爱丽丝来，不仅积极地为爱丽丝出谋划策，还主动与她分享自己的快乐和难过，两人的关系变得越来越亲密。

当汉克斯看到爱丽丝有难处，并没有对其袖手旁观、冷眼相待，而是鼓励她将自己的困难说出来，并且还主动跟她分担，等爱丽丝渡过难关之后，两人越发亲密起来。

这是因为，人类一方面将自己不愿让人知道的秘密严密地隐藏，一方面又渴望将自己的秘密告诉某人。其实，秘密是内心相当沉重的负担，长久隐藏秘密是很痛苦的事情，把心里的不幸、不满向相知的人倾吐，是人类本能的欲求之一。

我们所说的"重要"信息，一定不会是"真正的秘密"，而是一些对方虽不知道但马上就可能知道或是已经发挥不了太大作用的内容。事实上，在求爱的过程中，我们只要让对方感觉到这些内容非常重要就够了。人们之间的关系从来都是双向互动的，在求爱过程中，更需要真诚以待，这一点毋庸置疑。也就是说，你付出多少给别人，你就能从别人那儿获得相应的回报。如果你选择与对方互相吐露心声，那么你就一定能赢得对方的青睐。

## ≈ 卸下异性的心理武装

每个人都有不为人知的一面，或多或少都有些个人的秘密隐藏在心里。譬如，一个身材苗条的女人，通常不愿别人探知她过去的减肥史。

每个人都有不愿被人察知的事，因此，便把个人的秘密隐藏在心底，而且越藏越深。正是由于个人的心事不愿外露，所以在面对异性的时候，会时时刻刻小心翼翼地武装自己。

如果你的求爱对象防御严密，而且表现得毫不通融的时候，你不妨先保持低姿态，使对方解除戒心。心理学家认为，解决对方的心理武装，就跟对付关得紧紧的海蚌一样，越是急着把它打开，它反而会关得越紧。如果暂时不去理会它，它就会自然地放松戒备，过一会儿就自动地打开了。

所以，即使经常以严肃态度板起脸孔拒绝别人的人，只要你采取正确的方法，以信赖的姿态与对方相处，也会使求爱过程顺利进行。

那么究竟要怎样才能解除对方心中的武装呢？心理学家根据多年的经验总结出了几个具体的步骤：

1. 给对方安全感。

求爱过程中，想要解除异性的心理防备，拉近彼此之间的心理距离，就要先给对方一种安全感。当然，要使对方产生安全感，首先必须使他对你产生信任感。

2. 不要否定对方。

求爱是为了两个人能走在一起，两个人走到一起，是为了构建一个美满的家庭。既然选择牵手就要相互支持，相互信任，当你认为自己选择的另一半今后没有发展前途的时候，这个人也就失去了为之奋斗的动力，破罐子破摔。所以说人是需要爱人鼓励的，这样的温暖，才会激发对方的潜能。不要轻易否认自己喜欢的人，一定要相信自己的选择是最棒的，最出色的。

3. 为对方着想。

彼此相爱，才有可能为对方着想。爱是相互的，你爱对方、信任对方，这种情感才有可能反馈给你自己。如果你的付出是源于心甘情愿的爱，那么你根本没有心情去计较得失；如果你已经开始在意自己的付出，说明你的爱已经分量不足了。这个时候，计算是可以的，但是心知肚明即可，绝对不能光明正大、理直气壮去索债，那只会让你们原本就岌岌可危的爱情加速蒸发。

4. 不能质疑男人的能力。

英国心理学家乔治·温伯格认为，男人从孩童起便被教育要坚强，不能流泪，要保护女人，甚至不能留恋街角糖果店里花花绿绿的糖果。于是，他们不得不从少年时便按照社会的要求来伪装自己。女人应该知道不要轻易对男人产生质疑。尤其是简单粗暴地否定他的性能力。就算你不肯点燃自己逢迎他，也可以让欲望慢慢升温。就算实在不愿勉强自己，也可以找个没被用滥的理由来缓解。断然拒绝，不仅会影响他的心情，还会影响他的性功能。

5. 不隐瞒对方应该知道的东西。

一般情况下，不信任感容易产生在我们未给予对方充分的信息，让对方怀疑你对他隐瞒了什么时。因为双方掌握的信息量有出入，对方会担心自己处于不利的状态。如果不消除对方这种心理状态，就想让他做什么事情，他会担心你在利用他的无知，因此就会对你产生不信任感。

在这种情况下，有两点必须引起我们的注意。首先是不要认为对方可能已经知道了某件事情，就不再告诉他。这时"因为他没问，所以我没说"这种说法是行不通的。缺乏信息的对方往往会因为以下两种原因而不去主动询问。第一，不知道自己的不明之处，也就是说，不知道自己在哪方面缺乏信息。第二，因为不知道，所以担心对方知道自己不知道。

所以，为了防止因信息不对等而产生不信任感，或是已经产生了不信任感想予以消除，你首先应该把你认为"他应该知道"

的事情详细告诉对方，以消除这种信息不对等。其次必须注意的是，在给予对方信息时，如果都是你这一方的信息，反而会招致对方对你的不信任。因此，你应该自然地说明对方自己可以确认那些信息是否可靠的办法。例如，你可以对他说，"你去问某某，就更清楚了。"另外，运用在说服的同时讲明消极信息的做法也是消除不信任感的好方法。

众所周知，欲与他人深入交往，最重要的是消除对方的戒备心理，设法给他留下好印象，使他觉得你这个人有情有义、有志有趣。唯有如此，对方才乐于和你交往，你也才会和他和睦相处。

6. 多称呼他的名字。

每个人都对自己生来就一直使用着的名字非常熟悉，当被人以亲切的口吻称呼名字时，会觉得非常温馨，会产生一种特别的感觉。而且被称呼的次数越多会越高兴，并且会对对方产生好感。由此可见，亲切地称呼对方的名字，是打开厚厚的戒备心理之门的有效钥匙。

所以，在交谈中可以多使用对方的名字，例如，可以说："××，你也是这样吗？""就像 ×× 你所说的……"等。或是用"你"等第二人称单数频繁称呼对方，这样可以消除对方的戒备心理，使他更容易接受你。

## ≈ 命中注定我爱你

毫无疑问，男人和女人不同的身体语言和精神世界，可以揭示求爱运行的逻辑规律，推演爱情发展的因果关系。运用这些神奇的理论，我们可以通过各种身体语言与微表情，解释求爱中的诸多现象，洞悉复杂的爱情世界，知道在什么情况下该如何去做，从而使我们的求爱之路更加幸福、美好。

人心是很奇妙的，人们在无意识、下意识、潜意识中做出的事情，无不有着内心的真实意愿。

艾米丽约了杰米聊一些工作上面的事情，就在她家楼下附近的一家咖啡馆。艾米丽是一个守时的人，所以早早地就到了约定的地点等待杰米，可是一晃半小时过去了，杰米还没来，艾米丽已经有点生气了，她还从来没见过这么没有时间观念的人，要不是因为有重要的事情跟杰米说，她早就拂袖而去了。终于又过了几分钟，杰米气喘吁吁地到了她的面前。

"非常谢谢你等我这么久，相信你已经准备好了，我也已经准备好了，我们可以直接进入主题了吗？"还没等艾米丽反应过来，杰米上来就是这一句。这句话让艾米丽不知道如何回答，她正等着对方向她道歉，并解释迟到的原因，可是，对方这么一来，全然忘记了她刚才足足等待了对方半个多小时之久的烦躁心情，现在她无法拒绝对方的要求了。本来这次约谈也是她期待的。

接着杰米不等艾米丽回答，就开始侃侃而谈了起来，并不时地提出一些简单的问题征求一下艾米丽的意见，看得出来，艾米丽已经在杰米的引导下进入了主题，两人开始很激烈地讨论起来。约谈结束，大家都表示收获很大，并且很愉快地说了再见，希望下次有机会再聚。

可能你会为杰米在约会中迟到而不道歉觉得不可思议，为什么他会一点都不考虑对方的感受。但是仔细一想，对杰米来说，这次约谈的重点是搜集一些非常重要的信息。因此，他的目标很明确，必须要快速地进入主题。这是符合他一贯的办事风格的。如果他觉得很抱歉，一上来就对艾米丽解释很多他迟到的原因，继续纠缠于细枝末节的小问题之中，那么只会适得其反，浪费更多时间不说，还会引起艾米丽的反感。所以他不想继续再拖延时间，一句"谢谢"其实已经代表了他心里的歉疚和感激之情，同时，还能因迟到而产生的不愉快和尴尬降低一些。

善于运用各种语言技巧，不论什么情况下都能转劣势为优势，同时也可以很轻易地用这些技巧掌控别人。尤其是在个别词语的运用上，总是能够非常精准、恰到好处，即便是很普通的谢谢二字，它们都能表达出不一样的效果。无论是在工作还是生活中，他们所说的话都是要经过字斟句酌的，力求简洁准确。如果稍有一丁点儿的偏差，便会影响整个谈话的氛围和最终的结果。

高明的恋爱技巧可以帮助你更清晰地认识自己、看透对方、看透恋爱中的人内心的想法。就好像爱情医生那样对自己的爱情进行"望""闻""问""切"，从对方的长相、穿着打扮以及言行举止、眼神、小动作等各个细微方面的蛛丝马迹来解读他的性格和内心。这些问题中所牵涉的细节都是人在潜意识中向外界传递的信息，都是用来解读对方内心，与对方更好地相处的关键信息，如果不懂这些信息，那么很可能就会导致一些不良的后果——失去一个爱人。同时，当我们能够读懂对方的真实想法，看对人，求爱过程才能顺利进行，爱情才能顺顺当当地降临，而且在很多时候，学会这还能用来帮助有些人及时离开糟糕的爱情。

如果一个人没有办法把握这些细节的信息，那么他也就无法把握住生活的真谛，永远无法得到他想要的成功。或许有人会认为，在爱情中一门心思地猜测对方的心理会显得过于"狡诈"。真的是这样吗？读心更多的是在教人变得更为聪明，更懂人性，更好地与人相处。这并不狡诈，更不会被人用来做带有极大危害性的事情，毕竟它只是用于识人，而不是像催眠那样带有控制人的性质。

在爱情中，大家都喜欢保持神秘，没有人会傻傻地说出自己所有的想法，也没有人诚实到会把自己所有的真实想法写在脸上。学习恋爱术难，难就难在"快"和"准"上。通过各种细微的瞬间表现准确地把握住异性所有信息，靠的是"用心看"（望）、"用心听"（闻）、"用心问"（问）、"用心想"（切），还有对对方无微不至的观察与用心的爱。

人是感情动物，一个人的看法，会因为当时的心情或环境等因素而有所不同。而且如果对方是个更懂读心，也懂得运用"反侦察"的人，故意用动作或者表情去撒谎，那么也会传递出"错误"的信息。毕竟，不是每个人都能有那么多的阅历和实践经验的。不过，再高明的演员也有露出马脚的时候，只要你擦亮眼睛，避开对方设置的陷阱。

总之，掌握了恋爱术的技巧，才能读懂你的他（她），读懂你的爱情，才能在求爱过程中游刃有余，抢占先机。

## 第二章

明明白白我的心——
# 求爱的五个阶段

## ≈ 第一阶段：如何吸引注意力——成功推销你自己

　　心理学家说，爱情是一种心理疾病，得了这种疾病的人就再也不能客观地看问题了。陷入爱情里的男女眼中是一个被过滤了的世界，只能看到对方的好。这种疾病是每个人都可能染上的，临死还没尝过爱情滋味的人简直少之又少。其实，从心理学来讲，社会中个体或群体相互接纳和喜欢的现象，我们称之为"社交吸引"。"社交吸引"的形成有它的外在和内在条件，比如要有较近的空间距离，最好还要有过多次的交往，同时在特征上有相似性，这些都是外在条件，而内因则有外貌、品质、能力等。所以说，"缘分"是有它的偶然性，也有它的必然性的，它是各种因素在一起的碰撞，正如中六合彩一样，也存在着概率的问题。两个人彼此吸引了，只有当这种吸引足够强烈时，才能酝酿出属于他们的爱情！

　　那么，当两个人的缘分摩擦出爱情的火花时，那个时候的你侬我侬，相依相守，便让爱情成为人生伟大的一种见证。为了爱而付出，为了爱而崇高，一份爱，就成为两个灵魂的相守。

　　吸引异性对于任何动物来说是一样的，就是要表现自己的存在。只是物种不同，表现的方式不同罢了。蜥蜴通过摆动脑袋做点头的动作，吐出红色的舌头来获取异性的心。公鸡高昂着脑袋，晃动头上红艳的鸡冠，挺起胸膛，抖擞身上的彩色羽毛，踱着大步，在自己的领地里来回巡走，发出嘹亮的叫声，以此吸引母鸡的注意。

而人类在表现自己的行为上和蜥蜴、公鸡一样，都是用肢体语言宣告自己的存在。晚会上热情的招手、响亮的笑声、开心的嬉笑都是在向周围的人说"我在这里"。因为这种表现自己的行为是不由自主的，是潜意识的引导。它在深处的表现就是我们会想随着音乐手舞足蹈、尽情地摇晃脑袋、触摸别人的身体、抱住喜欢的人，甚至在路上狂奔。正是这些瞬息万变的肢体动作在表明我们正在求爱的游戏中。

剑桥大学的学者曾经做过这样一个实验：他们找来许多人，为他们拍下照片，然后在电脑上做后期标准化处理——将所有照片调成统一的大小和背景颜色，仅保留人物的头像，且面无表情。然后，他们邀请来不同年龄的评估者，让他们依据眼前的照片来判断这些人的诚实度、魅力度、攻击性等特性。评估者的反馈较为一致的照片将被保留下来供后续实验使用。

在这一系列的实验中，研究人员希望得知参与者是否能够在某一头像被展现 1 秒钟的短暂时间后，公正而准确地判断出其性格特性。下面是具体的实验过程：其中一位实验者坐在电脑屏幕前，头像照片将会在 1 秒之内一闪而过，而其他的人则可长时间观察该照片。若后者都认为照片里的人别具魅力，那么，那位仅观察了 1 秒的观察者是否会得到相同的观点呢？结果是肯定的。这些照片即便仅有 1 秒的显示时间，但其观察者对照片中人员的性格特性、诚实度、魅力等，所做出的判断与长时间观察照片的实验者的判断非常地接近。这一实验告诉我们，人们对陌生人第一印象其实在最初的几毫秒内就已形成了。

实验者指出，虽然在与他人进行长期的交往后，对其最初印象往往可以发生非常大的转变。但是，基于陌生人的面部特征的第一印象形成时间其实是非常短暂的。那些热切的男人于是找到了新的台词："你是如此的美丽，只不过是几毫秒的时间，我就已经被吸引到你的身旁！"

所有事情最难的不过是其开头，求爱亦是。不少人就栽在了求爱的第一步——"自我推销"上，或是过于紧张和害羞而无法从容应对，或是不懂得如何得体地装扮自己，或是动作僵硬，甚至说话结巴等。不过不用担心，心理专家告诉我们，随着"实战"次数的增加，你便会慢慢熟练，到最后变得运用自如。事实上，"自我推销"可说是一种另类的炫耀，男人在心仪的女人面前尽情地展现阳刚气息，而女性则散发自己的雌性妩媚。炫耀的方式层出不穷，既可借由穿着打扮表现，亦可透过一言一行流露，而本身的兴趣爱好等同样有着意想不到的作用。对于男性来说，强健的身躯，笔挺的西装，或是迷人的笑容都是威力十足的武器。于女性，喷洒味道魅惑的香水，身着漂亮的连衣裙，恰当地露出身体部位，全都是表现魅力的极佳方式。表现的方式虽各有不同，但想达到的目标无疑是一样的。

借由种种的"推销"方式，你试图告诉身旁的异性："嘿，我在这儿"，当然了，你还明确地把自己的性别表达了出来。低沉的音调、宽厚的臂膀、线条明晰的轮廓，这些都是"我是男人"的表达方式。至于女性，她们则是通过婀娜的体态、尖尖的下巴、柔声细语来向别人表明：我是女人。而无论男人还是女人，他们

◎ 强健身躯，笔挺西装，或是迷人笑容的男人；身着漂亮连衣裙，恰当地露出身体部位的女人

都会用一定的肢体动作和语言来告诉他人：我是个很友好的人，请你接近我。

可是，如果你急切地想引来异性注意的话，千万不要表现得过于明显，更别笨拙得像个小孩，或是如性饥渴患者般莽撞。在日常生活中，求爱要以引诱作为准则，不要将之视作狩猎，更非攻城。在这一过程中，你需持有耐心，抱着矜持，遵守求爱这一游戏的规则。你的表现应该是自然的，平静地朝那些同样身处游戏之中的异性传达出这样一条信息"在这里，我感觉很愉快"。相反地，如果你将自己打扮得耀眼非常，身上散发着浓重的香水味，或是直直冲到对方的跟前坦白爱意，这很有可能会将对方吓跑。

初次见面，柔和地相视微笑之后，接着就是"我是……"的自我介绍了，在这里，你一定要清晰地讲明自己的名字以及身份。若是声音含糊以至于对方无法听清而叫错你的名字，那么彼此间一定是尴尬非常，落下不太愉快的印象。所以，当你在做自我介绍时，最好能再加上一句能令人印象深刻的解释，例如："我叫大卫，嘿，就是英格兰的球星大卫（大卫·贝克汉姆）。"这样的话，对方不但不会产生误解，更会对你加深印象。

除了做好自己的介绍，你还要好好记住对方的名字，并找机会在说话的时候提到对方的名字，这样能让对方觉得你很重视他，心生愉快，这样也就促进了彼此间的感情交流。

在这之后，你便可以慢慢地向对方推销自己的优点了，当然了，这需要讲求时机。

## ≋ 第二阶段：眼神中蕴含的深意——比交谈更可靠的解读方式

研究发现，眼睛是人体中最无法隐藏的情感焦点，观察对方的眼睛，可知其善恶这说法一点不夸张。眼睛是心灵最好的折射窗口，心灵则是眼睛的源泉。绝大多数没有在交谈中被透露的信息，往往会在不经意的眼神中透露出来。而若是撒谎者，更是这样。他们不会刻意逃避目光，而目不转睛注视对方，希望对方觉得自己是真诚可信的。可是，这样的目光一定是十分不自然，无论是飘忽的眼神还是注视，都会有别于正常状态。在求爱的第二个阶段中，眼神所发出的信号如同蝙蝠的声呐，比如，"嗨，我在这里，我是女性，你看见我了吗？"这些全都是眼神中所可以包含的暗示信息，你完全可以根据对方的眼神回应来决定自己的下一步行动。

在求爱的第一阶段中，为了引起对方的注意，男女双方会发出用于传递存在、性别以及善意的信号。那么，现在来到了第二阶段，也就是认识的阶段，你要如

◎ 飘忽的眼神与真诚的眼神

何判断对方的感觉，如何知晓对方是否注意自己？对自己有兴趣吗？答案是理解对方无声的反应。

在认识阶段，异性双方多数是不言语的。就算开口聊天，也不会直接以语言来袒露感觉。毕竟，向一个陌生人剖白还是有些唐突甚至危险的。而且，若是完全敞开心扉，你还很有可能遭到对方的拒绝。这感觉可一点都不好受，就如同肚子被人重重击了一拳一样疼痛，因为科学报告指出，用于感应这两者的中枢全都位于前扣带皮层。

所以，为了避免不必要的伤害，请一定小心行事。在袒露心迹之前，你可以对异性的眼神多加留意，以判断对方否愿意被你靠近。

海伦·G．布拉温曾经在自己的作品《性和独身女性》中做过一番有趣的描述：一个独身女子若在西餐馆等公共场所选中一个男子，她会直接深情地凝视其眼睛，然后，回过头来与同伴聊天或阅读杂志。接着，她会做出一种挂念的姿态，再度同样凝视那个人，随即垂下头来。如此往复三次，常常就会诱惑对方、引起对方对自己的兴趣。

典型的异性互相凝视是这样进行的：一位女士停下阅读报纸，稍稍抬头，迅速地瞥向自己的左边，似乎盯着什么东西；而后马上看向右边，盯着对方身后的某一事物；最后重新埋头自己的报纸。在这样一个凝视的过程中，这位女士并没有将目光停留在他身上，因为她根本不需要这么做，自己来回顾盼的动作已经足够引起对方的注意，也激起了他的好奇心。

男子明白，这样的肢体语言其实就是一种无声的希望得到注意的方式。她的左右顾盼使得她可以从自己的左边扫视到右边。彼此间的目光如同空中的探照灯般交错，眼神也就得以交流。当他们最终将对方的意图揣摩清楚时，双方的眼睛就和谐地"对接"上了，不再透出反感。

心理学家指出，对于希望保持亲密关系的对象，无论男女，都热衷于使用"暗送秋波"。一般来说，企图成为终身亲密伴侣的男女之间，双目注视的时间也会更加长。

此外，眨眼亦饱含着深意。正如一段文字所描写的那样："当他们四目交投，视线相接时，两个人的灵魂就会互相交融，紧密结合。"所以，在爱情中，眼睛具有举足轻重的作用。

1. 爱抚对方的眼睛。

恋爱中，女性常常会情不自禁地将目光集中在对方的脸上，就像是在抚摸对方的脸一样。如果跟踪她们的目光，就会发现，女性对男性的眼睛和嘴唇很关注。因为女性认为，观察一个人的面部更能看透对方心中的想法，而在自己恋人面前，女性更希望时刻知道他想要表达什么。

相比较而言，男性则多注意女性的胸部、腿部和臀部，他们的眼光在女性的身上漫游。同样的视线追踪，男性所关注的身体部分多是具有性暗示的地方。

2. 性感的大眼睛。

从古埃及开始，人们就开始利用化妆品使眼睛显得更大，一双突出的大眼睛被视为性感的象征。尤其是埃及艳后的一双勾魂摄魄的眼睛正是验证了这条真理。时至今日，当男性们看到一张娃娃脸上纯真无邪的眼睛时，仍会怦然心动。

知道这其中的奥秘，恋爱中的女性会积极地使用眼部的化妆品，让眼睛的睫毛显得浓黑稠密，弯曲翘起，从而吸引男性的视线。

埃及艳后正是凭着自己深邃美艳的双眼，才成功俘获了恺撒那颗征战不止的心。

3.惊鸿一瞥的眼睛。

据统计，当男性看到女性耸起肩头、回眸一瞥的时候，会感到非常的兴奋。女性柔媚的姿态全都展现在这一个动作中，它使女性的眼部显得更富有风情，肩膀的轻轻耸起也显得女性更加娇弱。

4.调情的眼睛。

人们每次眨眼，都会让眼球表面变得更加湿润。当恋人看到一双水润晶亮的眼睛时，无疑会觉得更有神采，因此，很多恋爱中的女性在营造浪漫气氛时喜欢眨眼。经过逐渐的演变，当两人间有更亲密的暗示时，女性也喜欢眨眼。例如，如果你对面的人正快速地眨眼或者不时地朝你的方向看一眼的话，这就表明他很有可能对你仰慕有加。快速地眨眼反映出对方情绪激动，因为大脑释放出了令人激动的神经递质——多巴胺。眨眼频率正是由这些无意识的中枢所控制的。因为它们是无意识的，所以可以看作可靠的认识信号。研究表明，眨眼可不是女性的专利，和相爱的人待在一起时，男女双方眨眼的频率都会明显加快。

利用紫外线摄像机测量眼周围神经和肌肉的电感应，心理学家发现眨眼的频率和持续时间往往是由惊恐、厌烦、气愤等心理状态决定的。如果你和对方谈话时，他眨眼的频率很低，速度很慢，就好像眼皮时刻都要闭上一样。这种身体语言究竟是什么意思呢？眨眼的频率很低，是一种下意识的行为，说明对方不希望你进入他的视线，或者是你根本入不了他的视线。这个动作背后的意义也就不言而喻了，它代表对方觉得无聊、没意思，或者认为高你一等。

可是，我们并没有随身携带着秒表，怎么才能判断出对方的眨眼频率呢？这其实一点都不难。你所需要做的，只是将对方注视别处时的眨眼频率和面对你时的频率相比，不需要定量，你只要判断出两者谁快谁慢。

## ≋ 第三阶段：交谈的艺术——"说"出你的心

现在，你已经来到了求爱的第三个阶段，也就是交谈阶段。前两个阶段所发出的信号已经让双方跨过了陌生人的焦虑。焦虑如同无形的障碍墙，许多情侣无法最终走在一起的原因就是无法坦白心里话。而且，就算是处于热恋期间的男女，也可能因为这种焦虑而不说话，这样的日子可能持续数月甚至是几年。

在一些人看来，如果没有特别重要的事情，就要尽量避免与陌生人交谈。这话一点都没错，在求爱过程中，几乎百分之九十以上的内容都是依靠肢体语言来完成的，且说话这个动作远比谈话的内容重要得多。在交谈阶段，谈话本身要比内容更重要。生物学家德斯蒙德·莫里斯曾经提出，夫妻间的交谈大多纯为闲聊。

例如"哈罗""出什么事了？"以及"你好吗？"等。莫里斯将他们称为修饰成分。这些的目的全都一样，只是为了表示友好，就如大猩猩用抚摸配偶的皮毛来表示喜爱一样。我们不过是为了表达"我在注意你"。

一些用于强调语气的词语，如"啊哈""好的""是的"都饱含着渴求亲近的暗示。心理学家通过试验表明，装腔作势、滔滔不绝的友好度完全及不上简单而直白的话语。

通过对方说话时候的嘴唇、眼睛、眉毛、脸庞、头部、肩膀、手臂和手指的微小动作，我们可以判断出他们的态度。在确定对方愿意让你靠近之后，我们便来到了交谈期。可是，与一个陌生人开展交谈无疑是通往亲密的阳光大道上最困难的一段路，所以有些情侣难免落入相对无言的怪圈。

心理学家认为，在交谈时，你需要注视对方，他也就自然地会与你对视。交谈的地点最好选在一个不受外界干扰的微型栖息地，仅仅为你们两人所占据的"私人区"。你只需要一个话题。谈话时，两人适度地打量对方的眼睛、嘴唇、脸颊、眉毛等，从最微小的动作中寻觅积极的信号。研究表明，扬起的眉毛、微红的脸颊、微张的双唇还有回眸凝视，这些都是最获好评的信号。交谈研究者朱迪·伯根曾提出这样一个观点，点头、愉快的语气、放松大笑"暗示着更大的吸引、喜欢、信任、依赖，感情深厚、单纯以及和谐"。

求爱的这一阶段，也可以看成是一种测试对方情商的口头考试。他们不经意之间的举手投足表露出来其对于生命和生活的看法。她脸上是时常洋溢着喜悦还是悲伤。他说话的时候，是喜欢激昂慷慨还是常常语气暗淡。

交谈的开始往往是较为隐晦的探测。你抛出问题然后检测他递上的答案。神经学家理查德·雷斯托克曾经这么写道："想法和感情是交织的，每一种想法都是混合物，或多或少都夹杂着个人感情。"这告诉我们，单单就说话语气来判断对方意思是远远不够的，你还需要配合其脸部表情以及动作来综合判定。在独处的亲昵时间里，说话和身体接触同时进行，对方的身体动作以及情感，你全都可以一览无遗。

在平时的生活、工作中，每个人也都有自己特定的说话方式、语言速度。这些是每个人长期以来形成的性格特征，是客观固有的，而且长期存在。

在现实工作中，我们可以更微妙地领略他人语速中透露出的丰富的心理变化。我们可以根据一个人说话时的语速快慢，判断出他当时的心理状态。如果一个平时伶牙俐齿、口若悬河的人，当他面对某个人时，却突然变得吞吞吐吐、反应迟钝，这时候一定是他有些事情瞒着对方，或者做错了什么事情，心虚、底气不足。有些时候，也有一些特例，如一位男士暗恋着一个女孩，他在别人面前都能够谈笑自如、幽默风趣，保持着平常的语速，一旦面对那个他喜欢的女生，马上变得不知所措，不知道要说什么，说起话来仿佛嘴里有什么东西，含含糊糊，一点都不连贯流畅。这样的信号就给我们以暗示：他喜欢她。

对于陌生男女而言，选择正确的谈话地点也十分重要。专家指出，在满是男人的、非常嘈杂的房间里面，若有女性发出声音，很容易便可以被男人所识别出来。反之亦是如此。相关研究表明，身体相似的人所发出来的声音非常容易被掩盖。所以，如果希望很快引起注意的话，女性应选择一处满是男性的地方，那么，自己温柔轻缓的声音在一大片的粗声粗气中很容易便可以达到"鹤立鸡群"的效果。

同时爱情专家还建议，男女最好挑选可以提供食物的地方作为交谈场所。因为饮料以及开胃食物可以有效地挑起社交和谈话的欲望。曲奇饼和肉丸子都属于"手抓食物"。根据生物学，我们知道，控制手指运动的前沿区域与控制语言的大脑中枢接壤。所以，抓饼时手部的灵巧动作大大刺激了聊天的关节回路。小点心，搭配一次愉悦的交谈，饭馆无疑是一个聊天的好选择。

## ≈ 第四阶段：触摸的神奇功效——身体距离与心理距离

身体接触是人们表达情感最直接、最有效的方式，而瞬间的身体接触恰如彼此灵魂的碰撞，它比任何优美的词汇更能传递感情。我们也都有亲身的体验。小时候在我们受到惊吓或委屈时，母亲的抚摸是最好的安慰方式，母亲的体温是最具说服力的安全宣言；接吻是恋人关系的标签，热恋中的人们常常手牵手漫步于公园或街头，构成一道道浪漫的风景线；久别重逢的朋友，纵身一个热情的拥抱，胜过千言万语。

下面是科学家进行的一个实验：

在实验中，实验对象分坐于一张桌子的两侧，中间使用一块黑色布帘隔开。当夫妻中的一人（我们姑且称为"编码人"）仅通过触摸表达情感时，另一人（"译码人"）通过在黑布帘下感受触摸来辨认其另一半的心情。

科学家将每两对夫妻分为一组，由同一编码人向其另一半和陌生人传达相同的情绪。译码人被告知触摸是否来自他们的伴侣，然后从所给的 12 种情绪中猜测编码人所要表达的感情。

虽然研究人员猜测到了夫妻比陌生人更有可能辨认出通过触摸所表达的情感，伦敦大学国王学院精神病学研究所的心理学家艾琳·汤普逊，同时也是此项研究的发起人，仍然说道，"他们居然能辨认出嫉妒以及骄傲，我感到太惊讶了。"艾琳还说道："夫妻间也能够在交流中分享一些独特的东西来使他们间的交流更加简单。"

不需要任何言语，这就是触摸的神奇所在。触摸的行为要比语言来得直接有力，在交往过程中触摸、拥抱以及牵手都是你在意对方的重要信号。根据神经学的研究，语言在大脑皮层经过高度整合后才能成为刺激情感中枢的爱情信号。而身体的接触则是先到达情感中枢再进入大脑皮层的。抚摸不仅可以表示你的关心，而且还可以放大多巴胺进入大脑引起的快感。

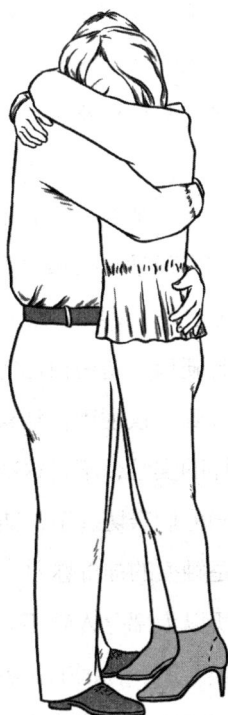

◎ 情侣拥抱

美国著名心理学家赫洛德·傅斯曾说："拥抱可以消除沮丧，能提升体内免疫系统的效能；拥抱能为倦怠的躯体注入生机，使你变得更年轻，更有活力。在家庭中，每天的拥抱能促进关系和谐及大大地减少摩擦。"但是调查发现，在人们的成长过程中，有百分之八十以上的人平均每天得不到一个拥抱。但是99%的人都渴望每天得到更多的拥抱。这种供求矛盾，以及日益加大的生活压力，导致全球精神病患者日益增多。人们发现，要想从每天的工作压力中解脱出来，每天至少需要4个拥抱；倘若想要获得积极的精神状态，每天至少需要10个拥抱。而现实生活中，大部分人甚至得不到一个拥抱，这就不难解释人们心灵日益脆弱的原因了。

一个小小的握手或拥抱为什么能产生如此神奇的作用呢？美国心理学专家通过实验解答了这个问题。试验者在公共电话亭里放了一枚硬币，然后躲在角落里观察，结果发现大多数人都会捡起硬币，塞进自己的腰包，在其即将离去时，会有人问他们是否看到一枚硬币，结果超过半数的人都说没看见。后来他们做了同样的实验，不过这次他们首先会礼貌地问候捡到硬币的人，还会同他们亲切握手，结果有将近80%的人都将硬币物归原主。这就是触摸的神奇魅力，轻轻的身体接触，似乎拉近了彼此间的距离，所以大部分人就不忍心对"自己人"撒谎了。所以英国著名的医学专家、畅销书作者弗农·科尔曼呼吁英国人：我们每个人都应该学会运用触摸的力量，鼓励别人触摸你，可以找别人替你修指甲、洗头、按摩，多拥抱亲人朋友，主动接受别人的拥抱亲吻，这对增进彼此之间的感情，保持积极健康的心态都是十分有益的。

一种再接触的方式是"20秒钟的接吻"。婚姻顾问建议每对夫妻每天都要抽出时间来完成一道家庭作业，那就是"20秒亲吻"。长时间的接触会提高男性睾丸激素的浓度，而且也会影响男性对女性的感觉。经常性地抚摸肩膀、手、脚是一种夫妻相处之道。

◎ 接吻

为了更好地调查触摸对于人与人之间关系的影响，心理专家通过调查也得出同样的结论。这种结论是通过观察夫妻之间的关系得出的，他们发现如果早上妻子吻别丈夫，会极大降低丈夫上班途中发生车祸的概率。长期保持这种习惯的夫妇，丈夫会比不这么做的丈夫长寿五年。不过这种习惯似乎不大被社会认可，尤其在中国，除了热恋中的人们，在大部分已婚家庭中，父母的吻似乎成了孩子的专利，夫妇之间即使感情很好，也是温情脉脉，相敬如宾，对他们而言，接吻只是西方和电影里的游戏。至于和外人之间，直接的身体接触就更少了，如果男性要与女性握手，也只是轻轻敷衍一下而已，甚至有人认为这是侵犯隐私的行为，所以那些习惯于通过拥抱或亲吻致意的国家，为迎合时代的需要，正逐步简化为握手，大概在所有的身体接触中只有握手的安全性最高。

另外，心理学家通过观察世界各地的情侣及夫妇在公共场合的表现，最后发现在拉丁美洲的波多黎各，人们平均每小时触摸对方 180 次；浪漫之都巴黎平均每小时触摸对方 110 次，哪怕随便进入哪家咖啡馆，服务员也会同顾客亲切握手；与此相反，在美国平均每小时只有两次，在英国平均每小时的接触次数是零，甚至于在没有外人的场合，英国夫妇也很少触摸对方。与此相应，在这四个国家中，英国的精神病发病率最高，而其他国家，尤其是拉美地区，人们习惯于热情拥抱对方，情侣之间也不避讳在公共场合热吻，结果这些国家人们的健康状况明显优于其他国家。

通过心理学家的调查得知，触摸具有神奇的力量，习惯于触摸别人和接受别人触摸的人，情商和智商都明显高于疏离别人的人，而且前者也要比后者更健康快乐。因此专家们不会固执己见，而是用触摸传达任何语言都无法比拟的温情。除此之外，触摸也可以被当作最好的感情催化剂。

## ≈ 第五阶段：水到渠成的性——架起双方精神的桥梁

爱情与性爱是联系着男女亲密关系的紧密纽带。若两人是情投意合的，那么，对他们来说，性就是爱，爱就是性。这样的融合，可使两性生活如达幸福的云端。爱是值得深情歌颂的高尚情感，爱使得两个人永远年轻。性则是与生命一并前来的本能，它随着人体的成熟而成熟，生命凋零时亦会枯竭。男女想要升华彼此间的感情，营造出和谐的相处氛围，性爱无疑扮演着重要的角色。二者和谐统一，便是一段关系的最高峰。

做爱也分为两个阶段，前期准备和性交。前期准备是指在做爱之前释放出刺激性的信号。而性交，就是简单的身体结合以及后面的动作。英语中的性交一词就来源于拉丁语，意思是联系。

男人和女人对做爱抱着完全不同的态度，因此在做爱前和做爱过程中表现得完全不同。而若是在这个阶段中发生了冲突，会比之前任何一个过程都要剧烈。所以，为了全面地掌握性爱，我们还是有必要认识一下两性的性态度。

男性和女性在做爱方面的观点有着本质区别：

男人做爱是为了生理需求，女人做爱则融入了感情。这就是上文提到的"男人因性而爱，女人因爱而性。"

触摸和感觉能让女人浮想联翩，男人却只对性交有忠实的兴趣。

女人的性幻想就是言情小说，男人的性幻想来自《花花公子》。

男人痛恨女人在做爱时弄虚作假，伪装兴趣和高潮，女人却完全相反。

对女人来说，性是禁区。对男人来说，性是乐趣。

沉默对男人来说表示一切都好，对女人来说则是山雨欲来风满楼。

90% 的男性和 40% 的女性会在做爱时有性高潮，当然这只是调查显示。

总体上明白了做爱这事，接下来就要真正深入了解了。当然，限于我们国人的保守性观念，请在阅读下面的内容时，保持一种学术的姿态。不要太入戏，更不能不入戏。

性爱前的准备肢体语言在世界范围内都是通用的。不论种族、肤色、年龄，我们都是用手指抚摸、嘴唇亲吻、齿舌舔咬、嘴巴交谈，除非进化让我们的身体发生剧变，长出比三头六臂更怪的器官。

首先，做爱前所有的恋人都会轻声交谈，用温柔的声音刺激对方的耳蜗神经，根据对方的回答来判断状态。其实，耳蜗神经在原始的脊椎动物中是触觉神经。所以，性爱前的交谈就像是触摸一样能刺激身体做好反应。

紧接着自然是真正的触摸了。两性的差异在此仍旧表现得非常明显，女人在准备过程中就热情地触摸，流露出爱意。同时她也希望男人能给出足够的热情，所以女人仅通过抚摸就有可能达到1到2次的高潮。男人却是尽可能地想要跳过这个步骤，直接进行到下个环节。这是因为男人的快乐几乎完全集中在交配的器官里，所以前期准备显得多余。可尽管如此，男人还是要耐心准备，因为只有当女人的情欲被打开时，才能表现出诱惑性或是邀请的移动。这时的性爱才算成熟。

经历一番云雨之后，情侣们会感觉更加亲密，甚至海誓山盟，相约到地老天荒。这其实是因为性爱让他们彼此接收了更多的关爱，而性爱时大脑中的催产素还没完全消失。

正是由于催产素的影响，情侣会在思想上更加信任对方，彼此之间也不再苛求。而做爱后，当时的亲密接触会让彼此的身体在脑海情感中枢留下深刻的烙印，就像是超市里的条形码。每当想起对方的身体，就会不由自主地感到愉悦。正是这种非语言的信号登记，让情侣间的爱意更加浓厚。

性爱之后还可能出现一种现象，生物学家称为交配后行为。许多动物在交配后分开，但有一些却依然相依相偎。比如，斑马会为对方梳理毛发，羚羊舔咬配偶，反嘴鹬交错鸟喙。

人类也有相同的行为，即在性爱后继续交流。当然这种交流可能并不是惯例，但其作用却和性爱之前的准备和性爱本身一样重要，可以用来作为继续感情的参考。

做爱后的交流通常会传达出两种意思，一种是"我感觉很好"，另一种就是"我要离开"。这两种意思清晰地表达了伴侣对待这段感情的态度，因此非常有必要做一个了解。下面我们分类来看这两种信号。

1. 我感觉很好。在做爱后，你们相拥而泣；做爱后你们脸靠在一起，像是在做思想交流；做爱后你们相拥而眠；做爱后他把你拥入怀中；做爱后，他说你们是天生一对；做爱后，他迷上了你的玉腿；做爱后她摆弄你的头发；做爱后你忍不住想要吻他；做爱后，他从背后抱住你；做爱后，他为你做了一顿可口的晚餐。所有这些类似的甜蜜，都明确告诉你，你们的感情将要继续下去。

2. 我要离开！做爱后，他把你推到一边；做爱后，她让你快速离开她的卧室；做爱后，他无聊地打开电视，盯着屏幕不理你；做爱后，她竟然吐了；做爱后，她告诉你说：她已经结婚了；做爱后，她说她并不是个随便的人；做爱后，他直接去洗澡了，似乎是想要把你的味道消除；做爱后，他说自己马上要出差。这些令人沮丧的表现，都说明对方已经对你没有了兴趣，所以赶紧醒醒吧！

至此，起始于吸引注意的衣着相貌，结束于共赴云霄的求爱全过程似乎就结束了。但事实远非如此，前面的所有求爱招数都是在为后来如何维持一段长久的关系做准备。毕竟，如果开始孤单一人，结果还是形影相吊，纵然过程跌宕起伏、丰富多彩，也终归让人感叹命运弄人、知音难觅。所以接下来就要深入探寻如何维系长久的爱情关系，不求能帮你演绎得堪比经典，但要让你有人相伴到老。

## 第三章

迷人的脸蛋——

# 吸引眼球的威力武器

面容体现着一个人过去的历史和现在的身份。在一个人的脸上，到底有什么东西存在，并激起了另一个人的爱呢？

## ≈ 求爱过程看的主要是脸蛋

脸蛋虽然占人体皮肤总比例很少，但是却是个人的形象、性格和吸引力的主要表现。我们可以追溯到 20 世纪的六七十年代，有关身体魅力的研究就表明，身体的主要吸引力来源于脸蛋。

我们从来都是以脸蛋来作为评价一个女人是否美丽的首要标准，脸蛋就是第一印象。在求爱过程中，脸蛋所参与的部分最多，负责传达的信息最多，我们身体上没有任何一个部位，像脸蛋一样集中了眼睛、鼻子、嘴巴、耳朵、舌头还有皮肤这么多的表现器官。我们的五官表达七情六欲，在传达自己信息的同时，接收周围发出的反馈的信息。脸部比身体的其他部位更直接地吸引别人的注意力是因为人类的脸部组织里包含了颞叶的圆形突出部模块，这与其他的高级哺乳动物一样。正是由于相似于进攻中的尖兵作用，所以脸蛋必须作为求爱的主要部分讲述。

通过整理总结诸多人类学家多年来的研究，我们勾画出了人类理想的面部特征。无论古代还是现代社会，16 到 20 岁的年轻的脸蛋都是最好看的。脸型左右对称，不会一边高一边低；皮肤光滑细腻，吹弹可破一样的白嫩，没有任何的皱纹或斑点；整洁的牙齿，不会外翻或者内陷或者门牙突出；适中的下巴，不长不短；鼻子自 　　挺立，不是朝天鼻，也不是夸张的鹰钩鼻。

　　美丽从来都　　　　能拥有不老的容颜，谁都逃不过生老病死的轮　　　　"人老珠黄""老树枯柴"都是必经阶段，　　　　究人员所收集的科学研究还发现，人的容貌　　　　别是在 15 到 35 岁之间。当然也不排除天生　　　　子的脸，维持得长久一些，可还是无法逃脱　　　　充足的睡眠可以让容颜持久一点，让人看起　　　　身体放松，眼睛会变大，嘴唇饱满，皮肤光　　　　说"睡美人"，也从另一面说明了睡眠有利　　

　　　　　　不提"化妆"，这有点让容颜看起来可以与　　　　用，让人变得年轻。如上文提到的，恋爱专　　　　的化妆。婴儿总让我们觉得很容易接近，得　　　　天性无法理解。生物学家康拉德·劳伦兹在　　　　做出了解释。让我们产生喜爱的冲动的是婴儿　　　　大大的眼睛、尖细的鼻子、粉嫩的皮肤和小小　　　　个道理，我们有各式各样漂亮的芭比娃娃，都是　　　　特点这个标准设计的。 当我们年岁渐长的时候，　　　　儿特征就逐渐地消失，直到不复存在了。成年人的　　　　大鼻子、厚下巴都会让我们失去婴儿容貌效应带来　　　　因此，我们会靠化妆来弥补，希望尽可能重新拥有一　　　　魅力。

　　　　社会通过各类化妆技术、美容手术、面膜和保养品，甚

至药物来保留青春的人越来越多，其中不止女性，还有男性。岁月痕迹比如皱纹和斑点我们会用化妆品如粉底来遮瑕，或手术直接祛除；眼睛太小可以用睫毛膏或眼线来增大；嘴唇会用唇线勾勒出性感的唇形并用口红来突出。种种的手法都是为了让我们更贴近婴儿。

另外，通过数据采集对比分析发现，对于异性的脸部审美标准是男女有别的。

行为分析小组在对不同年龄分组的女性观察研究后得出几乎一致的结论：女人最在乎的是男人的眼睛，眼睛往往比脸上的其他部位要更快地吸引到女人。这是有深层原因的。眼睛是母婴之间的主要交流，眼神能唤起女人的母性。因此，有一双迷人的眼睛的男性自然是魅力无限，所以男人如果注意对眼睛的保养与修饰，是能大大地增加自己求爱的成功概率的。尤其是年龄已经过了 35 岁的男性，如果想让自己魅力不减，时常修剪眉毛、除去眼袋和鱼尾纹等是很有必要的。如果肌肤问题不严重，只需要一点点的化妆技巧就可以让这些小瑕疵消失得无影无踪。只要不卸妆，掩藏在你粉底下的疲劳与老态，是没人能看得出的。就像上文说过的，"眼见为实"，大多数人都相信自己眼睛所看到的，尽管那可能是最表面的东西。

同样的研究得出的结论是，男人心目中最理想的脸庞无非是能上各类杂志封面的女郎模样，他们奉为心目中的"女神"。漂亮的脸蛋，就像轩尼诗、红酒、香烟一样深深地吸引着男人，看到那样的容颜，就刺激到他们脑部的快乐中枢。所以酒类广告、

还有，超过了10秒钟的表情（除了那些感情极其强烈的情绪感受），就不一定是真实表现了，因为人类脸上的面部神经非常发达，即使是非常激动的情绪，也难以维持很久。于是，要判断一个人的情绪真假，从细微的表情中也能发现痕迹，只是需要人们不断地进行细微的观察。

2. 变化的面部颜色。

通常，人的面部颜色会随着内心的转变而变化，这样，表情就有不同的意义了。因为面部的肤色变化是由自主神经系统造成的，是难以控制和掩饰的。在生活中，面部颜色变化常见的是变红或者变白。

有人说面部表情是一种"世界语"，确实有一定的道理。狄德罗在他的《绘画论》一书中说过："一个人，他心灵的每一个活动都表现在他的脸上，刻画得很清晰，很明显。"

我们在求爱过程中，配合生动的面部表情，那一定可以所向披靡。生动的嘴唇、灵活的眼皮、多变的眉毛都能给一张普通的脸蛋增添色彩，让它看上去和漂亮的脸蛋一样光芒四射。根据社会心理学的研究，男人也都认为一张表情丰富的脸会比那种单纯漂亮的脸蛋更有吸引力。仅从这一点我们就能明白为何漂亮的花瓶在电影中不可用。

首先就是头部表情。包括抬头、点头、摇头和歪头这些动作，都能把他人的注意力引向眼睛。扬起眉毛表示理解，脸颊泛红说明羞涩和开心。正是这样一张充满活力的脸，才会使我们在求爱中受到欢迎。

其次就是嘴唇的魅力。研究表明，在和别人交谈的时候，我们会无意识地观察嘴唇来增强对语言的理解。唇语自然就是这种能力的极致表现，而假唱也因此有了空当。生理学上的研究则证明，嘴唇的动作会刺激大脑中理解语言的中枢——韦尼克区。既然如此，我们就必须对嘴唇多加呵护，从而发挥出它的独特作用。一张再怎么漂亮的脸蛋，若是嘴唇干裂或者是口红夸张，那也是没有魅力可言的。

在求爱中，我们的嘴唇会非常情绪化。举个简单的例子，当我们发觉别人哭泣时，首先映入眼帘的不是眼泪，也不是耳朵听到的呜咽，是一个颤抖的嘴唇。这个嘴唇让我们对他产生同情和怜悯，却无法让我们欣然接近。

与哭泣相反，笑容会拉近人与人的距离。所谓"相逢一笑泯恩仇"，笑容的力量不可低估。事物都有真假，笑容也不例外。一个真实的微笑不光要运动嘴角，还要牵连眼角。嘴角上翘，眼

◎ 真实的笑与假笑

角出现鱼尾纹就是真实的笑。而那些皮笑肉不笑的样子也很好识别，就是简单的一个嘴角上扬，不附带其他任何动作，此类笑容多见于职场。在神经学上，真心的笑容是有色脑回控制的，不受人的意识摆布，所以能反映我们内心的快乐。而礼貌的假笑则是受大脑皮层的意识区控制，所以很好识别。

在求爱的过程中，各种笑容比比皆是，我们要想看清目标，就得分出笑容真假。千万不能把一个礼貌的笑容误认为是真心的在意，那样只会让我们徒劳无功。电影里此类教训多如牛毛，比如秋香三笑留情，唐伯虎卖身进华府却差点丧命。所以，如果那个你心仪的人整个午茶时间都是一副皮笑肉不笑的礼貌回应，你或许该直接转过身去，躲开这张令人恶心的假脸。而如果他对着你暴露了眼角的鱼尾纹，你可以大胆地更进一步，做出实质的邀请。

最后补充一些，眉飞色舞这个词展现了眉毛的表现力。而肌电图研究表明，女人的眉毛比男人更有表现力，也更情绪化，所以女人的表情比男人丰富。眉毛在 1/8 到 1/5 秒的瞬间下垂动作是表示不同意、伤心或者怀疑，挑眉则是说明了感兴趣，皱眉则表示烦躁和失望。

男人的咀嚼肌比起女人来反应强烈，这些肌肉在咀嚼时关闭下颚，生气的时候就自然收缩。咬牙切齿这个词就非常贴切。当咀嚼肌收缩的时候，我们的牙齿会紧紧咬合，表现在面部就是鬓角下方的脸颊有多个肿块。所以，当你看到他人那坚毅的脸颊时，尽量躲开一些。

下巴的活动也能反映出人的情绪，所以关注这个部位也能给你许多额外信息。

## ≈ 眉毛的一举一动都是重要信号

眉角是一个特殊的部位，它与人类大脑中存在的特殊边缘受体相连。眉毛的动作可以表现出非常细微的情感变化。

高扬着眉毛，是一种普遍的友好意思。所以，在许多迎宾的场合，主人的眉毛就是扬起来的。在求爱中，眉毛飞舞是一种调情信号，意思是"我被你迷住了"。最简单的例子就是，当我们见到一个风情万种的女人时，自然地收缩枕骨肌扬起眉毛。这个动作也是无法掩饰的，因为它是被特殊的脊椎神经控制的，不经由大脑控制。

有一个关于眉毛的研究，囊括了 3 个国家的 255 个人。结果发现，当人们在表示肯定的时候，总会扬起眉毛。正是这发自内心的肯定行为，让如今的女性不知疲惫地细心描眉，使得她们的脸蛋看上去总是一种友好的姿态。而扬起的眉角伴着微笑、兴趣、同情，更是可以让她们在求爱中如鱼得水。

轻抬眉毛的动作从远古时代就已经广泛使用了，人们向距离稍远处的人打招呼的时候会使用这个动作，迅速地轻轻抬一下眉毛，瞬间又回复原位。这个动作可以把别人的注意力引到自己的脸上，让人家明白自己正在向他问好。这个动作几乎全世界通用。这就说明，眉毛也可以传递心里的想法。专家对人的眉毛做了详细的研究，并通过眉毛来了解人内心的想法。

托尼收到线人的情报，说可能有两个恐怖分子将携带一批重要文件在明天抵达纽约某机场。更特别的是，这两个恐怖分子所搭乘的航班，正好是美国某高官出差返回的航班。这让托尼感到有些匪夷所思，可是这个线人给他的情报一向很准，所以他不敢轻视，也不想因此而放弃一次消灭恐怖分子的机会。于是，托尼就迅速制订了方案，并且把自己的想法和方案报告给自己的主管。而主管认为托尼没有掌握足够的证据，所以否定了他的方案。这让托尼感到懊恼，于是他决定亲自找局长来讨论这个方案的可行性。作为一个名不见经传的小探员，一般是没有机会直接跟局长交谈的。要不是情况万分紧急，托尼也不会越级直接找局长。

提前跟局长约好后，托尼按时到了局长的办公室。坐在大办公桌后面的局长从头到脚地打量了托尼好几遍，显然并不太友好。果然，还没有交谈几句，局长就开始对托尼的方案百般挑剔起来，对整个计划的设计到过程的执行，都提了一大堆反对意见，最后完全否定他的方案。托尼不得不对局长讲出能够确保计划万无一失的"撒手锏"，局长却只是"嗯"了一声，并不自觉地挑了挑一条眉毛，抽了抽嘴角，流露出一副完全不相信的表情。

也就是这样一个表情，让托尼发现自己还有回旋的余地。于是托尼向局长借了一张纸，掏出笔，把整个计划的每个步骤和时间安排都进行了详细的描述，同时又将如果放弃这次计划可能带来的损失一条条为局长列了出来。看到这些一目了然的条条框框，局长才把原来挑起的眉毛放了下来，眼里也带着笑意，不断地点头，表示已经接受了托尼的计划。

托尼之所以最后能够成功，就是因为从局长眉毛上扬中看出了门道，他知道局长心存疑虑，于是就改变战略，把计划罗列了出来，从而取得了局长的信任。由此我们可以看出，眉毛可以传达人内心的信息。

当一个对他人扬起眉毛，除了有向远处的人打招呼的意思之外，它还可能向对方传达这样一些信息"我承认你的存在""我很吃惊，居然在这里看见了你""我很害怕你""我知道你的存在，但请你放心，我不会威胁到你"。因而，在某种程度上来说，对他人扬眉是一种较为礼貌的招呼别人的方式。这可能也是很多人认为，和某人初次见面时如果对方不对自己扬眉，那么此人可能是来者不善的原因。对此，心理学家进行了一个实验。在实验中，心理学家让甲坐在一家酒店的门口，用眼睛看着那些来来往往的顾客，但眉毛不准上扬。结果，很多顾客和甲在进行短暂的眼神交流后，便匆匆离开了，一些顾客离开时脸上甚至还带着几丝恐慌的神色。随后，心理学家又派乙坐在这家酒店的门口，要求他也用眼睛看着那些来来往往的顾客，同时，还要求他在和顾客进行眼神交流的时候，眉毛必须上扬。这次的结果和甲得到的结果大相径庭，当乙向那些来来往往的顾客扬眉微笑的时候，很多顾客也对他扬眉微笑，还有一些顾客居然走到乙的身边和他交谈起来。由此可以看出眉毛可以传达出的种种深意。

眉毛确实能够传达丰富的信息。如此一来，可能的话，双方便可以进行进一步的交流了。可以说，人的喜怒哀乐、七情六欲都可从眉毛上表现出来。每当我们的心情有所改变时，眉毛的形状也会跟着改变，从而产生许多不同的重要信号。

1. 低眉。

低眉是一个人受到侵犯时的表情，防护性地低眉是为了保护眼睛免受外界的伤害。

在遭遇危险时，光是低眉还不够保护眼睛，还得将眼睛下面的面颊往上挤，以尽最大可能提供保护，这时眼睛仍保持睁开并注意外界动静。这种上下压挤的形式，是面临外界袭击时典型的退避反应，眼睛突然被强光照射时也会有如此的反应。当人们有强烈的情绪反应，如大哭大笑或感到极度恶心时，也会产生这样的反应。

2. 皱眉。

一般人不会想到皱眉其实和自卫有关，而带有侵略性的、一无畏怯的脸，是瞪眼直观、毫不皱眉的。

◎ 各种眉形

皱眉所代表的心情可能有许多种，例如：希望、诧异、怀疑、疑惑、惊奇、否定、快乐、傲慢、错愕、不了解、无知、愤怒和恐惧。要确实了解其意义，只有回头去看原因。

一个深皱眉头、表情忧虑的人，基本上是想逃离他目前的境地，却因某些原因不能如此做。一个大笑而皱眉的人，其实心中也有轻微的惊讶成分。

3. 眉毛一条降低、一条上扬。

两条眉毛一条降低、一条上扬，所表达的信息介于扬眉与低眉之间，半边脸显得激越，半边脸显得恐惧。尾毛斜挑的人，通常处于怀疑状态，扬起的那条眉毛就像是一个问号。

4. 眉毛打结。

指眉毛同时上扬及相互趋近，和眉毛斜挑一样。这种表情通常代表严重的烦恼和忧郁，有些慢性疼痛的患者也会如此。急性的剧痛产生的是低眉而面孔扭曲的反应，较和缓的慢性疼痛才产生眉毛打结的现象。

5. 耸眉。

耸眉可见于某些人说话时。人在热烈谈话时，差不多都会重复做一些小动作以强调他所说的话，大多数人讲到要点时，会不断耸起眉毛，那些习惯性的抱怨者絮絮叨叨时就会这样。

另外，与眉毛相关的动作主要还有以下几种类型：

1. 双眉上扬，表示非常欣喜或特别惊讶。

2. 单眉上扬，表示不理解、有疑问。

3. 眉毛迅速上下活动，说明心情十分好，内心赞同或对对方表示亲切。

4. 眉毛倒竖表明极端愤怒或异常气恼。

5. 眉毛的完全抬高表示难以置信。

6. 半抬高表示大吃一惊。

7. 正常表示不作评论。

8. 半放低表示大惑不解。

9. 全部降下表明怒不可遏。

10. 眉头紧锁，说明这是个内心忧虑或犹豫不定的人。

11. 眉梢上扬，表示喜形于色。

12. 眉心舒展，表示此人心情坦然、愉快。

通过观察对方的眉毛，我们可以获取对方的心情、意图等重要信息。因此在求爱过程中，观察对方眉毛的细微变化，可以帮助我们选择最合适的策略，来获得事半功倍的效果。

## ≈ 眼镜传递的心灵风暴

通常说来，戴眼镜有可能会对人的脸部魅力产生反向作用。但如果能恰当选择，还是可以锦上添花的。而一旦你戴了眼镜，就要明白，它已不是单纯的一个框架，而是作为你脸蛋的一部分存在了。

戴眼镜最需要注意的一条就是搭配。眼镜不能干扰眼睛、眉毛、睫毛这些天然的情感表达和接收器。在平静的状态下，眼镜框的上部轮廓应该符合眉毛的弧度。眼镜也不能遮盖颧骨，因为这也是脸庞的一部分。眼镜还不能太沉重，那样会让脸蛋看上去不堪重负。

眼镜的选择还要和脸型搭配起来，以便能更加突出你的面部轮廓。通常说来，如果你的脸蛋比较圆润，那么应该选一个方形的镜框，这样可以使你面部的棱角突出一点。假如你选了圆镜框的话，只会让你的脸显得更加圆，和眼镜一起变成了几何图形的大圆带着两个小圆相切。

当然，若是你脸蛋棱角分明，圆镜框可以是个好选择。

此外，脸较小的人可以用小眼镜来突出轮廓；脸较胖的人便该用更大的眼镜来缩小脸型；三角眼镜能降低前额的宽度；向上弯的拱形镜架能修饰下垂的眼睛。

很多人把眼镜当成一件漂亮的道具，而不仅仅是一块遮挡的镜片。它不仅仅是一种生活工具，也是揭示人内心想法的一个途径。

现实生活中，我们也发现戴眼镜比不戴眼镜更能让人感觉到勤奋、聪明、有教养和诚恳，而且显得更加专业。有许多公司会在与客户谈判前为自己的员工准备一副眼镜，即使是平光眼镜也可以给生意的成交带来很大的帮助。

围绕眼镜做出的小动作常常会泄露人们内心的想法和秘密。

最常见的关于眼镜的小动作莫过于擦拭镜片。擦拭眼镜可以使我们更好地看清状况，这个动作所代表的最常见的心理是不安，其实在潜意识里寄希望于通过擦眼镜更清晰地看清相关的状况和所处的环境，为自己逃避作准备。还有一种可能性是为了拖延时间，我们经常可以在某些正准备做出决定的人身上看到类似的动作。做出决定的程度越困难，擦拭眼镜的时间越长，越频繁。

◎ 擦拭镜片代表不安

咬眼镜腿也是一个需要我们注意的常见动作，它和擦眼镜片一样，很有可能显示出其缺乏安全感或是为了拖延时间。我们可以通过观察咬眼镜腿的后续动作推断出对方的态度。如果对方重新戴上了眼镜，那么很有可能是他对某些细节仍然心存疑虑，需要进一步研究和认证；如果对方将眼镜仔细折叠起来，那么就说明他已经做出了决定；如果他随便地将眼镜扔到一边，那么意味着他对你的建议持有强烈的否定意见。

当你在说服对方的时候，对方取下眼镜擦拭镜片或是开始咬眼镜腿，那么正确的方法是保持沉默，因为这些动作意味着对方希望你停下来给予他一定的思考时间，他需要在这个时间里理一理思绪，显然这时候你继续滔滔不绝下去会招来对方的反感。当对方重新将眼镜戴上，你才可以继续你刚才的话。

在谈话的过程中扶一下眼镜，也表明对方正在思考。但是如果对方在这个过程中顺手摸了一下鼻子，那么很有可能对方刚才说了谎话。如果对方扶了扶眼

◎ 谈话的过程中扶一下眼镜，也表明对方正在思考

镜后，单手或者双手摸了摸脸，那么意味着他对向你继续讲述下去充满了厌倦，而厌倦的原因多半是——对方觉得你简直不可理喻或实在无法沟通。我们经常可以在一个领导训斥一个不开窍下属的过程中看到这个动作。

有些人还有将眼镜架在头部的习惯，大多数人觉得这样感觉更方便。但实际的作用是可以使他们看上去更加年轻、诱人和充满活力。

另外，除非是参加户外活动，否则不要戴着一副有色眼镜或者太阳镜。试想，当别人和你交谈的时候，你无法透过镜片看清楚对方的眼神，那么你会有一种什么样的感觉？你一定会产生一种莫名的不安，因为你无法知道对方的镜片后面是否潜藏着不怀好意的眼神，而且还会产生一种被人监视的感觉。

至于隐形眼镜，由于光的折射的原因，它能让你的瞳孔看上去更加的大、明亮而且温润。一项调查显示：戴隐形眼镜的男女要比其他人看上去更加性感温柔。

## ≈ 小黑痣：不对称的美人印痕

生活中绝对的对称不一定是最好的，真正完美的脸蛋通常不是左右的镜面反射，而是带着一点点不对称。

超级名模辛迪·克劳馥的脸就是这种不对称的经典。统计显示，她的脸庞出现在杂志封面上的次数，比历史上任何人都要多。大体看来，克劳馥的脸庞是对称的。不过仔细观察，你就能发觉她的左眼看起来好像更大些，而且她的左眉毛比右边的高一些。另外，她的左边嘴角有一个很明显的小胎记。

可我们依然觉得她很迷人，由此便产生了疑问，为什么她看上去并不完美，却仍然那么让人心动呢？其实，对于辛迪·克劳馥来说，正是那个小黑痣帮她把别人的注意力集中在那张近乎对称的脸庞上。这就是我们人类的审美特点，不够完美的才够人性化，否则就显得可望而不可即。那个小小的瑕疵，保证我们更愿意亲近她。

实际上，西方社会曾经有一度非常流行美人痣，那时的女人都把脸上的一个小黑点作为时尚。而在我们中国，美人痣的说法也是由来已久。

相传是从杨贵妃那时起的，杨美人弄伤了额头，宫廷御医要用一种水貂的骨头研成粉末为其敷脸治伤，但这种水貂十分有灵性，很难捕捉，最后有一渔夫找到一些死亡水貂腐烂后剩下的骸骨献给皇帝，贵妃用后伤口果然愈合得很好，而且没有难看的疤痕，但由于死水貂骨的药用价值远不如活水貂，那块新的皮肤颜色微深于其他地方，略带浅红，当然其实是并不明显的，但我们的美人自然是完美主义者，于是她用朱砂笔在眉心那块皮肤上画了一个点做掩饰，谁知这一点效果极佳，将美人衬托得分外妩媚妖娆，于是龙颜大悦，直呼"美人哉"。宫中粉黛为了争宠就流行起这一点美人痣！

现代的美人痣的位置则说法各异，比较多的说法是右嘴角斜外下方。

由于古今审美趣味的变化，美人痣的位置出现多种说法。

◎ 各种美人痣的方位

1. 眉心。

但是有一点需要强调的是，长在眉心的美人痣非要是红色的才叫美人痣，黑的不算。

2. 嘴角斜外下方。

美人痣不论左右只能长一个，一般长在右嘴角的是正宗美人痣。

3. 嘴角上方。

那地方的痣像一颗饭粒粘在嘴上，一伸舌头就能舔到。

放眼当今，许多经典的美人也都有相同的特征。玛丽莲·梦露、伊丽莎白·泰勒以及丽莎·米纳丽的美人痣都把别人的目光引向了她们的脸庞。反过来，由于她们脸蛋的惊艳，人们却忘记了那一点小瑕疵。求爱中，有一些女性还通过化妆品和文身，故意在脸颊上点一颗美人痣来吸引男人。那个美人痣就像是在无声地呼唤男人去注意。

## ≈ 眼睛是心灵的窗口

"眼睛是心灵的窗户"，从一个眼神往往可以看出对方的脾气性格。眼神经常流露善意，其人心地大多慈悲；眼神冷峻，其人大多性情刚烈；眼睛暴突，其人则往往性情凶恶，脾气火暴。

眼睛在传递信息和交流方面的能力非常出色。每一个眼神，如果你细细解读，都包含着很丰富的信息。对此，专家认为，这是由于我们的眼睛具有可以活动的眼白。正是由于眼白的存在，让人们可以更好地观察到目光的变化，准确地表达各种各样的情感。我们发现一个人的眼白面积越大，他就越善于领悟他人的情感。生理学研究发现，女性的平均眼白面积要大于男性，这也就可以解释为什么女性更加善解人意。

另外，两人在对视时，眼睛动作就会变得比较复杂。当你发现别人在看你时，你得到了对方在注意你的信息，而且也获悉交际渠道已经敞开。依据持续注视的特征，你就可以发现他对你的感情是爱还是恨，或者是中性感情。你也许还要作出某种反应，是改变还是继续这种关系。久久凝视表示对某人怀有特殊兴趣，无所畏惧，敢于蔑视或粗暴无礼；中止注视则表示漠不关心，缺乏兴趣、无所畏惧、心中厌烦、困惑尴尬、羞怯畏缩或对人缺乏尊重。我们对所喜爱、仇恨或惧怕的人或物往往密切注视，反之，则不愿留意观察，不是漠然处之就是环顾左右而言他。

我们在交往中，要善于通过观察人的眼睛来认识一个人，眼睛的动作及其传达出的信息主要有：

1. 与人交谈时，视线接触对方脸部的时间在正常情况下应占全部谈话时间的30％～60％，如超过这一平均值，可认为对话对谈话者本人比对谈话内容更感兴趣。比如一对情侣在讲话时总是互相凝视对方的脸部。若低于此平均值，则表示对方对谈话内容和谈话者本人都不怎么感兴趣。瞪大眼睛看着对方则是表示对对方有很大兴趣。

2. 研究人员根据多年的调查总结出一些经验：如果希望给对方留下较深的印象，眼睛凝视对方的时间就应该久一些，以表示自己的自信；如果想在和对方的争辩中获胜，那么在对视的时候千万不能把目光移开，以免对方觉得自己不坚定；如果不知道别人为什么看自己时，那就需要稍微留意一下对方的目光，以便随时采取对策；如果和对方交谈时，对方漫不经心而且不时做出闭眼的动作时，那么就应该及时停止谈话，并随机应变；如果想在和陌生人的交往中获取成功，那就要以期待的目光注视对方，并辅以浅浅的微笑和不卑不亢的态度，这是最常用的比较温和而有效的方法。

3. 当一个人做了亏心事，或心虚时，在他人的目光注视下会自动地回避；而在求爱时，人们往往用目光来传递爱慕之情，特别是初恋的男女青年，对于眼神的使用频率一般都会超过有声语言。

4. 研究发现，因为情绪激动泪腺会分泌液体，这种液体会对眼睛产生润泽的作用，看上去眼睛表面闪亮，这种现象常常会出现在调情的情侣、刚刚获胜的运动员、欣喜的影迷、骄傲欣慰的父母等刚刚经历了强烈感情变化的人身上。

5. 当与人谈话的时候，发现对方总是把视线投到上方，或是关注于一些其他的身外之物时，这表示对方对于这场谈话内容丝毫不感兴趣，但是由于自身的教养使他不能过于失礼，而不得不敷衍搪塞。当然，如果这个人一直保持这种姿态与人谈话，就说明他已经对面前的人产生了成见，或者说他根本就不认可谈话的内容。但是，如果当他突然把目光集中到说话者的眼睛上，或者是直直地注视着说话者的时候，可能是因为此时此刻的话题引起了他的注意。

6. 如果在说话的过程中，对方突然向上翻眼珠，并且目光突然变得怪异或者锐利，这就表示他对于面前的人所说的话有所怀疑，他希望证实谈话内容的可信度。还有一些性格上有未知缺陷的人，他们习惯于斜眼看人或者用余光扫视别人，一般来说，这样的人都是嫌贫爱富、斤斤计较、浮夸吹嘘之类，不然就是居心叵测、心存不良的人，他们斜着的目光表露出他们轻视一切的心态。

7. 当人处于兴奋时，往往是双目生辉、炯炯有神，此时瞳孔就会放大；而消极、戒备或愤怒时，愁眉紧锁、目光无神、神情呆滞，此时瞳孔就会缩小。实验表明，瞳孔所传达的信息是无法用意志来控制的。

8. 关注共轭眼珠运动。

在神经学上，共轭眼珠运动是一系列脑半球活动的总称。对方欲言又止时，就会流露出此类的动作。在求爱中，这种眼球运动则表示了迟疑。假如你在邀请对方去吃晚餐时见到了这个动作，那就表明你的邀请可能早了。倘若你此时还不死心，继续发出其他的邀请，他又给出了同样的回应，那就可以确定类似的做法真的不适合。所以，此时就要换一种更简单的方式来求得同意。

还有一个小动作会让女性看上去非常动人，当然男性也可以尝试。在凝视别人的时候，抬起我们的上眼皮，会让眼睛看上去非常漂亮。这是因为，眼睑由上直肌刺激动作，当我们仰视时，上直肌会自动抬起眼皮。此时眼睛看起来非常大，而且睫毛一闪一闪的，正像《诗经》中所说的"美目盼兮"。而在交谈时，抬起的眼皮会呼唤别人的注意，这在前面有介绍过。所以，电影中塑造美人的经典动作就是抬头。

当然眼神传递的信息远不止这些，有许多只能意会而难以言传，就需要我们在求爱的过程中用心观察、积累经验、努力把握。

## ≈ 会放电的眼睛不亚于"晴天霹雳"

眼睛是心灵的窗户，目光又是感情的窗口。视线相接触是感情交流的开端。我们经常这样描述一个懂得使用目光展示魅力的人——他的眼睛会说话，甚至称某些善于使用目光的人的眼睛具有"放电"功能。这种所谓的"放电"，就是一种视线控制方法。

在男女交往的过程中，视线的控制和训练是很重要的。例如，兴致盎然的对话双方，他们的视线总是注视着对方；如果想终止对话，视线的避开是一个通知对方的信号。男性同自己喜欢的女性交谈，要比和其他异性说话时目光注视得更多；反之，女性也一样。你在公园或汽车上仔细观察会发现，相恋的男女在交谈时两人的目光是紧密交融的。

社会心理学家阿瑟·艾伦进行了一个研究。他让陌生人在一起交谈 90 分钟，并且要分享自己的隐私和生活感受，外加凝视对方 4 分钟。结果表明，那些志愿者都觉得这样的对视魅力无穷，甚至有些人后来牵手走进了婚姻的殿堂。艾伦的研究是超越性的，因为处在求爱交谈期的情侣总共需要花几个小时来进行眼神的交流，而他只用了 4 分钟就完全传达了爱意。

不过，众所周知，我们最向往的眼神交流叫作"一见钟情"。这个词语在法语中是"晴天霹雳"，在西班牙语中就是"丘比特之箭"。一见钟情是那种类似母子之间的眼神交流，充满了爱意。因为成年人的眼睛对视大都充满了抵触情绪，所以这种交流的确像晴天霹雳一样概率很小。

但尽管如此，还是有不少情侣承认过这样的经历。两个人被对方吸引时，会自然地凝视彼此。而若是眼睛交流超过了 2 秒钟，那就会发生放电现象。这种镜头在偶像剧中极为常见，用来表达爱意也非常有效。实验证明，男人更容易有一见钟情的感觉，这与他们的视觉动物本性密切相关。一张漂亮的脸蛋可以刺激男人的腹部纹状体，这个部位是一个快乐中枢，在爱情中起作用。在这个实验之中，总共 1495 个成年人参加，64% 的人表明初见后 3 小时内可能喜欢别人。在其中 958 个相信奇迹的人之中，超过半数的人经历过一见钟情。而且在有过经历的人中，一半数目的人和对方结婚了。在这些进入婚姻生活的人中，还有大多数人仍旧生活在一起。

一个朋友间的普通聚会，他透过玻璃窗向女孩望了一眼，就发现爱情山呼海啸般袭来。在这之前，他根本不认识她，不知道她的名字，没听过她的声音，不了解她的性格，也没闻过她的体香。

而女孩感觉到了他的热烈目光，转过来平静地和他对视。时光变得缓慢，甚至是定格下来。

事后，他回忆当时的感觉，说一见钟情是完全发自内心的喜悦和亲密感，完全是超越性冲动的纯洁爱情。他说："我感觉时光错乱，和她是似曾相识。"他们在对视之后，开始了交谈。起初还有些生涩，但很快两人就像老朋友一样谈天说地。后来，女孩甚至把自己的汉堡给他咬了一口。他求爱之后，两人很快就闪电结婚了。

女孩当时也有种恍如隔世的感觉。她看着他说话时的面部表情，触碰他的肩膀，像是在和自己最熟悉的人交流。后来，她注意到他迷离的眼睛，并且说："我就是喜欢这样的眼睛。"

一见钟情必然是跟眼睛的关系密不可分，眼神的交流刺激大脑产生特殊的生理反应，而这种反应是非常纯洁的感情，类似于母婴之间的关系。所以，许多人对于真爱的定义也就是如此，而"感觉"这一论调也是基于一见钟情。

那么，真爱来临时，大脑会如何反应呢？伦敦大学的神经心理学家米尔·泽克模拟了爱情男女的大脑。他发现受试者在看到心爱人的照片时，大脑的某一区域活动加剧。而这个区域位于中脑，是欣慰感的原产地，还包括情感区域。

眼睛是人体中无法掩盖情感的焦点，人的情绪很多时候都会反映在眼睛里，哪怕只是一瞬间，所以，观察人的眼睛，可以知道人的心理变化。同样地，与人交谈时要敢于和善于同别人进行目光接触，这是一种礼貌，更重要的是眼睛能说话。

互相交谈的两个人，如果一方对另一方感兴趣，那么他会将视线移向对方的眼睛，借此来表达他的好感。如果另一方对于这种示好的行为表示接受的话，那么他也会将视线移向对方，这时两个人互相注视着对方的眼睛，视线彼此相交。

目光接触发挥着信息传递的作用。一般情况下，在求爱的过程中如果你希望给对方留下较深的印象，你就要凝视他的目光久一些，以表自信。如果你想在和对方的争辩中获胜，那你千万不要把目光移开。如果你不知道别人为什么看着你时，你就要稍微留意一下他的目光，以便采取对策。

心存好感的两人说话，彼此注视对方的眼睛，以示寓意通达。话不投机的人相遇，尽量避免注视对方的目光，以消除不快。

据调查，在恋人之间，女性更容易使用含情脉脉的眼睛，因为恋爱中的女性容易将精力集中在男友身上，对他的一举一动都非常在意。面对心仪的对象，他们会有规律地每隔3秒～5秒钟扫视对方一次，然后逐渐缩短相隔的间隙，直到与对方相互注视，很长时间都不再变动。

这样做会让目光显得更柔和、更深情、更有魅力。男性很容易被这种视线所俘虏。研究显示，对于任何一个男性，用梦幻般的眼神凝视他5秒钟，他就会心如鹿撞，然后甘心为女性所左右。但如果男性做同样的事情，结果往往不尽如人意，因为他们并不像女性那样擅长将柔顺的光芒隐含在目光里。

恋爱时，这种深情的目光一般能让男性感到自豪和甜蜜。而在结婚后，男性就会发现，女性眼睛里缺少了过去的似水柔情，魅力大大下降，生活的琐事已经让女性无暇再继续注视自己的丈夫了。

一个人的眼睛最能准确表达出一个人的感情和意向。眼神的交流在我们的社交活动中起着举足轻重的作用。亲昵中的情侣往往就是用眼睛说话，再动人的词汇如果在这时用嘴巴说出来，都会显得太过生硬。一个男人和一个女人交谈的时候，看着女人双眼以下、胸部以上的位置为最佳，而女人看着男人的鼻子左右的位置会令男人感到欣喜。如果一个女子心仪某一个男子，女方并不需要张口就能将她的爱意通过眼神传递给意中人。她要做的仅仅是面带微笑，用眼睛亲切地看着对方，并且延长目光相接的时间，同时伴有放大的瞳孔和其他细微动作，由此来引起异性的注意和欣喜。

## ≋ 头发揭示个性密码

作为哺乳动物，人类也非常在意毛发。我们精心梳理头发，让它看上去光彩动人，以便展示我们的地位、健康和美丽。从远古以来，头发就给我们的脑袋保温并维持干燥，保护头部免受严寒、酷暑、紫外线的杀伤。在和自然相处的过程中，头发还帮我们伪装自己，融入周围的背景之中。而今天，头发不光能发挥过去的作用，还赋予了我们更多的能力，让我们在求爱中如虎添翼。

头发在吸引眼球的作用中也是不能小觑的，尤其是对于女性来说。女性的头发不论造型如何，颜色有什么差异，发质多么不同，都是非常惹人注意的，特别是对于男性。我们的眼睛非常挑剔，它会不自觉地关注头发，再把发色和肤色对比，从中找出令自己愉悦的搭配。另外，额头上的刘海和鬓角的头发都会把眼睛的注意力引向脸蛋，这也是头发必须要用心打理的原因。

站在审美的角度来看，头发是我们脸庞的明确界限。就像是一幅画的画框一样，界定了五官的位置。可以据此想象一下，若是一幅画没有了画框，那画里的内容该如何定位。我们的大脑视觉中枢看到没有界限的物体就像是看见了一盘散沙，找不到重点。实际上，头发也是一种重要的身体信号。

首先，我们都知道，头部位于身体的最上方，居高临下，占据十分有利的地理位置，因此也是最引人注目的地方。当我们和别人近距离接触时，头发就有可能变成我们的"闪光点"。但是这个"闪光点"究竟该闪什么样的光，那就要看我们的妙手了。

然后，发型是令人直接感受到精神及个性的地方。不同的发型，可以塑造出不同的视觉效果，发型设计可以使人活泼年轻，也可以让人变得端庄文雅，起到修饰脸型、协调体型的作用，使人感觉活力充沛或修长高大。这就是从视觉上进行了心理调整。因为发型的持久性比较长，不像服饰的"更新"速度那么快，当我们长时间感受同种具象，即统一发型，我们就会将发型与人物形象、个性、气质等进行关系建立，久而久之，我们就会产生一种"哦！这就是他／她的样子"的观念。然而，一旦最为明显的特征，同样也是持久性较长的特征有所改变时，我们就会在心理对观察对象进行重新关联，而正是这段不适应期，会让我们产生一种"违和感"，从而形成一种"新鲜感"和"变了一个人"的"错觉"，等时间长了，我们对新发型适应了，那种"哦！这就是他／她的样子"的观念就又重新回来了。

这也就是为什么我们会有"换了发型就好像换了一个人"的

想法的原因了。一个人的发型是我们仪表美的一部分，头发整洁、发型大方是个人礼仪对发型美的最基本要求。整洁大方的发型易给人留下神清气爽的印象，而凌乱的披头散发则会给人以萎靡不振的感觉。

当对面走过来一个女人的时候，从对方的发型我们甚至可以大致判断出这个女人的基本性格。如果这个女人有着飘逸的过肩长发，这个女人给人清纯可人、内心淳朴、个性温柔且善良的印象。一般而言，她们会有着比较好的人缘。如果把过肩长发做成波浪形，通常象征这个女人有向往自由的心理，而且波浪形的头发也代表她希望把自己打造得充满魅力，通常会很享受男性的追求。

而对于留着长发却不常修饰的女人来说，素面朝天是她的自然生存状态。不化妆，不穿过于鲜亮的衣服，不追赶潮流，所以也不会花太多的时间去摆弄头发。都说爱美是女人的天性，而如果以自然状态为追求的话，让人觉得质朴而大方。

如果将长发扎起来，就会给人一种干练豁达的感觉。

除长发外，也有很多女人喜欢短发，这样看起来精神爽朗，充满朝气。

## 第四章

体态的信号——

# 身体如何吸引注意力

## ≈ 用身体信号突破第一步

如果你在晚会上遇到了心仪目标，接近目标最有效的方式就是从他或她的身旁经过，但是这么一个简单的经过也讲究技巧。你不能就那么大摇大摆地走过去，那样会太鲁莽，而且意图过于明显。一个可以效仿的方式是学习鱼类的舞蹈，走一个潇洒的"Z"字形路线。就是你要大胆径直地走向心仪的人，然后在相距一臂时立即走开，留下他或她独自一人感受你的存在。通常这个行动的过程中，男人还会走环形路线在四周徘徊，以增加被女性注意的概率。而知性的女人则更文雅，她们会不停地上厕所，就为了接近那个幸运的男人。当然，上厕所不过是一个小小的借口，你完全可以编出其他的理由。像是去厨房、拿饮料、看朋友之类的都可以。总而言之，你去的目的地不重要，重要的是把握住行走的过程。

不过，把握住那个过程并使它发挥作用，你需要事先好好计划一番，确保自己那条路线，那个时间他会站在那里。当然你可以反复彩排，确保会遇到他，也确保他会注意到你。当一切就绪之后，你就可以大胆地迈向你的梦想了。这次"偶然"的经过中，你要是能和他建立眼神的交流，也可以装作若无其事地试探他的反应。假如你收到的回馈是他一个微笑、一个点头、一个意外的挑眉抑或是一个追逐的回眸，那么恭喜你，你成功了。

　　书籍和电影中描写爱情都有一个非常经典的细节，那就是女主人公总是会掉下手帕或者是荷包，然后被男主人公捡到。从此日思夜想，缠绵悱恻不在话下。把这个细节放进求爱的过程中，也同样极有道理。因为手帕的掉落在心理学上被认为是一种普遍的"引起注意"的动作。

　　可能到了今天，丢手帕已经过时了，但丢东西也还是非常时尚的求爱技巧。在这个观点上，某些情感高手还坚持认为不掉东西会导致失败。道理很简单，掉落了某个东西是一种无声的求助，它让我们处于一种弱势的境地，会自然地让他人关注我们，并潜意识中同情我们。应用在求爱上，更进一步地创造了一个交流的机会，拉近了我们和心仪者的距离。所以，当你经过他的身旁，不光要面带笑容，优雅从容，还要假装掉了手里的东西。当然这些东西不能太贵重，否则摔坏了就得不偿失，最好是你事先准备好的餐巾纸，或者是一本书。如果那个人为你弯下腰捡起来，那么你们就有了一个交谈的机会，可以互相点头，表达各自的善意。如此一来，你就取得了更多成果。

　　相同点让人感到安全，把对方视作同类。因此，谈话也最好能有个共同的话题，这样才能安全地拉近双方的距离。求爱的时候，我们最好的开场白也是共同语言。这些共同语言最好能是关于个人隐私之外的兴趣爱好、新鲜见闻、足球比赛等。所以，在博物馆中想要搭讪一个心仪的陌生人，最好能聊聊你们都欣赏的毕加索、梵高、埃及木乃伊，再间接地谈一些你的个人想法和独特品位。所以，"你最喜欢哪个艺术家？"不会比"你也很欣赏他吗？"这个开场白更有效。

假如你在一个悠闲的小资情调咖啡吧里品尝着摩卡时，抬头看到一个很有魅力的异性正在看书。你们相视一笑，接下来就可以选择交谈了。下面就是一些开场白，请选择最好的一个。

1. "我们好像在哪见过？"

2. "你也住在附近吗？"

3. "请问你看的是什么书，好像很有趣的样子？"

我们来分析一下这三个选项。第一个貌似比较友好，也被不少人知晓，但却完全没有技巧，因为那涉及对方"你"，所以很私人化。第二个选项更不能选，因为那听起来完全是在打听他人的隐私。只有第三个比较妥当，因为那完全绕开了搭讪的意图，把重点放在了无关紧要的书上面，所以是最好的开场白。

需要强调的一点是，学会了最好的开场白并不代表你可以在求爱中无往不利。下一个阶段的难度很高，而搭讪之前也有注意事项。上面的开场白前提是相视一笑，没有这个前提时你万万不可轻举妄动。

这也就是要回到之前的功课中，尽量掌握到炉火纯青的地步。交谈之前，我们需要确认对方是否同意我们的接近。所以，我们需要辨别那些信号。他对我笑了吗？在我经过时他转身了吗？他注视我的动作吗？

假如他并没眉毛为你高扬或是肩膀为你抖动，那么你的盲目搭讪必然要遭遇冷水一盆。他会用尽前面讲过的任何一种拒绝方式来扑灭你的热情，给你一个教训。当然，假如那些热情的信号出现了，你一定要大胆向前。而一旦真的开始了交谈，对方给你的"面试"也就开始了。

## ≋ 性别影响体态的简单事实

性别的重要性不言而喻。求爱是两性的互动，若是性别都无法区分，那求爱就是文不对题。性别作为人类最古老、最深层、最重要的一个分类，从人出生时就得到了重视。当然如今技术进步，胎儿在腹中就可能看出男女。先不说因此带来的性别鉴定问题，仅是看家长对孩子性别的关注，就能明白性别的重要性。这表现在日常生活中，我们见到了陌生人，第一眼就是去识别男女。表现在语言中，就是许多语言都给事物赋予了有关两性的称谓，包括法语、德语、俄语等。比如，西班牙语中，月亮是"女性"，太阳是"男性"。我们汉语中也同样存在这种阴阳区分。

我们区分性别是随着年龄变化的。在幼年阶段，我们用生物学家所谓的第一性特征来分辨男女。可能会有一些小女孩会有微微隆起的乳房，这个所谓的第二性特征，是其母亲释放的雌性激素在她身体里催生的。

除第一性特征之外，幼儿在外貌上并没有多大区别。如此一来，有些家长就会把孩子按照自己期望的性别对待。但幼儿不论男女，还在娘胎里的时候，表现出来的都是女性特征。在出了娘胎后，抛却第一性特征，男孩和女孩也都是女性特征。最明显的例子就是，他们都有女性的乳头。

等成长到了儿童期，性别才开始显现出来。此时，雄性激素把男孩从女孩丛中揪了出来。同时，雌性激素的作用使得女孩更加女性化。可除了最原始的生殖器官本身，我们还是只能从一些文化上的性别差异区分他们。比如头发长短、穿裙子还是裤子。

终于到了青春期，性别的区分变得明显了。此时，激素使得男孩更像男人，女孩更有女人味了。他们的身体发生了显著变化，第二性特征在身体上显露出来。可能几个月前他们还是小孩子的模样，但突然间就能晃得你眼花缭乱。俗语有云"女大十八变"，正是这个意思。而此时的变化，正说明了男孩和女孩已经在生理上走向成熟，甚至可以繁衍后代。

成长没有就此停止，而是随着激素的作用继续。年轻男女的身体会继续朝着不同的方向发展下去，但最终男孩并没有长出女孩的两倍体型，当然这个过程在大猩猩中真实存在。不过男女的体型差异仍旧非常明显，女人因为面临着生育的需要，乳房会丰满，屁股变大，在上臂、大腿和脚底积累许多脂肪，这是她们为怀孕储备的事物，也使得她们变得更有曲线美。

对男人来说，进化要求他们必须朝着擅长奔跑、投掷和保护的方向前进。这样一来，他们的脸会变得更大、更宽、更坚实，这其实代表着刚毅的性格；他们的身体就要变得更加粗壮有力，可以有能力从事各种活动。如此一来，他们就得有更大的鼻子、下颚，突出的眉骨，甚至惊人的体形。这不同的肌肉和粗犷的轮廓都是为了证明他们的强壮和勇武。

此外，男人比女人长得更高更重。他们必须要有更大的心脏和肺部，更多的血液、肌肉组织，更少的脂肪来维持这种形体特点。再加上更长的腿脚和胳膊，更厚的手掌，都能使得他们在进化的早期成为群体中更强壮的狩猎者、战斗者和食肉者。回到今天，这些身体优势让他们在求爱中拥有了打败情敌的条件。在现实生活中，女人也大都心仪这些运动的体形。

青春作为人一生中最美好的年华，放在求爱中，这也是一个被广泛认同的阶段。不同的国家和文化中，审美标准不可能统一。但青春这个时期的人，都是处在风华正茂的时候。从生理的角度来说，青春的时候，正是第二性特征达到完美的阶段，对异性的吸引力也就最强。因为人不同于其他依靠气味吸引异性的动物，求爱非常依赖视觉。

正所谓"四时不同，风景各异"，一个地方的人有一种偏爱，对于异性的体重要求也各不相同。可万变不离其宗，不管高矮胖瘦，标准身材的比例始终不能有变化。过于纤瘦或者肥胖都会干扰第二性特征的展现，比如大肚子会让臀部的线条消失，而骨瘦如柴则意味着胸部扁平。

每个人的身材很多时候是天生的。身体的每个部位是属于整体的，过度关注某一个部位会犯以偏概全的错误。整体也不是简单的部分堆积，那样的美丽只能是拼凑来的虚伪。所以，若是我们把一些超级明星的漂亮部位都取出来，重新拼成一个人，那个人肯定令人恐惧。但在接下来，我们还是要把身体分成几个部位来讲述，比如腹部、臀部、大腿等。毕竟，两性对于异性的身体总是有不同的关注点。

在精神病学上，偏爱主义指的是专注于身体的某个部位而导致的排他行为。这些身体部位因人而异，所以也不用一一列举。严重偏爱倾向的就是所谓的"癖好"，恋足癖的人，只对脚这个部位敏感，因为脚能引起他强烈的性欲和遐想。正常偏爱的人，则是仅认为某些部位比其他地方更诱人罢了。其中，男人一般都对女人的乳房或者大腿反应强烈，而女人则喜欢欣赏男人的肩膀或者屁股。著名生物学家阿尔弗莱德·金赛也说过，男人喜欢赤裸的女人，而女人则讨厌看到男人裸露的胸膛。

所以，想要让自己无往不利，我们应该学会"知己知彼，百战不殆"。男人应该明白，女人不会喜欢他那满是青筋的手臂。相反，男人会特别钟爱女人的柔滑皮肤，因为皮肤下层的脂肪使得身体变得柔软，同时还遮住了血管。女人也不喜欢男人那种硬板刷一样的身材，她们只会认为柔韧的腹部很性感，而坚硬的肌肉块则逊色很多。所以，你也许不必再苦练八块腹肌，只需要保持正常的身材就行。那种肌肉虬结的模特造型只有雕塑家会喜欢，而且也仅限于雕塑。

男人的腹部是由一块健美的直肌和相关的纤维组织构成的"六边形"，这个六边形通常是被腹部皮肤下的脂肪层掩盖住。所以，正常情况下，男人的肚子上没有恐怖的八块腹肌。事实也证明，女人不会认为腹肌比一个柔韧的肚子更吸引人。而根据精神病学家凯瑟琳·菲利普所说，商业广告和流行文化已经迫使男性关注自己的肌肉造型，同时女孩子也对自己的身材和体重极度敏感。这是因为，所谓的明星们给众人展示了不切实际的身材标准。男人壮如蛮牛，女人骨瘦如柴。

这种不切实际的展示给年轻人灌输了错误的想法，让他们讨厌自己的身材，饱受精神折磨。"我不喜欢自己的身材"这样的看法屡见不鲜。大家都在挑剔自己的身材，由此产生的害羞和耻辱让他们不敢接近心仪的异性，这种现象在年轻女孩中尤其严重。哈弗医学院的艾莉森·菲尔德组织的一个调查更能说明问题，在548个接受测试的年轻女孩中，有七成表示时尚杂志上的模特形象影响了自己对身材的看法，而一半的测试者表明他们想要减肥。

因此，在求爱中，做一个"知足者"也是有实际的经济意义的。诺贝尔经济奖获得者赫伯特·Ａ.西蒙定义的知足者，就是在麦田里摘到第一个最大麦穗的人。与之相反，完美主义者，就是那些一直在麦田中独自前行，一心想要摘到最大麦穗的人。结果不言而喻，完美主义者很有可能无功而返。而斯沃斯莫尔学院的心理学家巴里·施瓦茨发现，知足者通常比完美主义者活得快乐。他进一步解释说，完美主义者总是在寻找更好的人，所以导致人际关系紧张。同时，时间不等人，完美主义者由于在寻找伴侣时太挑剔，留下后代的可能性就小了很多。所以说，求爱中我们要学会知足常乐。不要过分在意自己或者对方的身体，你遇到的就是最好的，可能对他来说也是这样，成全对方就是成全自己。

## ≈ 站姿里也有"美人计"

姿势一般反映的是个人对自己和他人的看法，站姿也是如此。如果仔细揣摩，你就会发现，即使是站立这种简单的动作，也能成为观察一个人的肢体语言。研究人员指出：不同的"站姿"往往反映出一个人的性格特征。不同的生活习惯、起居饮食、言谈举止、厌恶爱好以及意识倾向会决定一个人的站立姿势，也就是说，我们可以通过站姿看出一个人的性格特征。

对于站姿的观察与研究可以使我们获得一些启发，无论在日常生活、工作还是社交中一定要注意自己的站姿，避免错误站姿暴露自己的性格缺点，尽量将自己最完美的一面展现给大家。当然，我们也可以学会通过解读别人站姿的"语言信号"，了解对方的内心，掌握其心理变化。

1. 标准立正的站姿。

这类站姿是较为正式的姿势，两脚并拢，自然站立，不表达任何去留的倾向，但多展现服从的情绪。例如，学校的学生们在跟老师说话时，公司的下级跟上级汇报工作时，常采用这个姿势。经常使用此类站姿的人，性格一般比较温和，不容易对他人说"不"。在工作中，他们踏实但缺乏开拓和创新精神。每当开会时，他们还会利用同样的姿势表示"不置可否"。他们容易满足，且不争强好胜，只是在感情上有些急躁。

2. 弯腰驼背的站姿。

站立时弯腰驼背的样子，说明这个人承受着很大的压力，他们缺乏自信，有自我防卫、封闭、消极的性格倾向，或者说他想逃避某种境况或者整个生活，不想承担某种风险和责任。这也就暗示着他的心理上正处于弱势，具有不安或者自我抑制的特点。

3. 双腿交叉型站姿。

这类站势是指人们在站立时，双腿交叉，有的人会同时交叉双臂。这是大多数人在身处陌生的环境时下意识的一种反应。所以，发出动作者有些拘谨。另外，较熟悉的朋友谈话时，若有人以这种姿势站立，也暴露了他的拘束心理，或说是一种缺乏自信心的表现。所以，经常使用这种动作的人，表明了他拘谨，保守，

◎ 标准立正的站姿    ◎ 弯腰驼背的站姿

缺乏自信，不喜欢展现自己的性格特征。

4. 自信型站姿。

这类站姿是指站立时，挺胸、抬头、两腿分开直立，像一棵松树般挺拔。一般具有这样站姿的人都自信且有魄力，做事雷厉风行，并且往往很有正直感、责任感。通常男性多有这样的站姿，非常受女性喜爱。

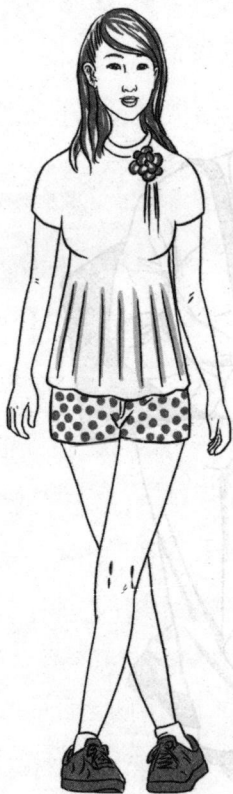  

◎ 双腿交叉型站姿　　　◎ 自信型站姿　　　◎ 思考型站姿

5. 思考型站姿。

这类站姿是指双脚自然站立，双手插在裤兜里，时不时取出来又插进去，就像是在思考着什么。具有这类站姿的人一般比较小心谨慎，思前想后。在做决定时容易犹豫不决，不知如何是好。工作中，他们一般缺乏主动性和灵活性，不会有效率地进行工作。

但在感情上，他们非常忠贞，从不轻易玷污。他们喜欢幻想，常常会构思未来，也因此不愿面对现实和承受逆境，是一个心理脆弱的"理想主义者"。

6. 攻击型站姿。

这类站姿指的是将双手交叉抱于胸前，两脚平行站立。经常做出这样站姿的人，通常性格叛逆，具有较强的挑战意识和攻击意识。他们无论是在工作还是生活中，都喜欢打破传统的束缚。他们比别人更敢于表现自己，通常创造能力能发挥得更充分。

7. 靠墙式站姿。

靠墙式站姿指的是站立时有靠墙习惯的人，他们多半是失意者，对外界缺乏安全感，容易依赖外力来保护自己。他们个性随和、坦诚，容易与人相处，因此也很容易受到别人影响。

总之，站姿是人性格的一面镜子。我们在求爱中，也可以学习用站姿来表现兴趣。例如，重心放在一只脚上，另一只脚探步在前，看上去随时要离开，但又很可能停留下来。当然这也是一种矜持的等待，表明你需要尊重。而承受这种尊重的就是此时承担你体重的屁股，而给予你自由的就是那只放在前面的脚。所以，男人千万不能再直挺挺地站在那里，用僵硬的身躯把异性的好奇

◎ 攻击型站姿　　　　　　　　◎ 靠墙式站姿

心拒之门外。那种水平的肩膀、水平的屁股、平直的双脚，会让你看上去和古埃及的雕塑一样，没有一点吸引力可言。可能你这种僵硬是因为害羞，毕竟求爱中的焦虑无法避免，但你试着做出放松的姿势就会好许多。若你是故意表现出严肃的样子，那么最好从求爱的环境中离开。

## ≋ 别以为别人不会注意你的颈部

颈部可以传达很多含义，某些动物之间发生冲突或者在与其他动物对峙的时候，他们会尽力地弓着身子，然后用力竖起脖子上的毛发。这样做的目的是为了使自己看上去更加强壮和凶猛，起到威慑敌人的作用。而我们人类在遇到麻烦或危险的时候，脖子也会耸起许多的小疙瘩，这是由于我们在远古时代脖子上也长有毛发，而我们也会在遇到危险的时候，选择和动物同等的方式来保护自己。虽然沧海桑田，我们现在的样子和远古时代相比发生了很大的变化，我们的颈部也已经没有了多余的毛发，但是我们的神经系统仍然保留了这个功能。这也就是我们和别人争吵之后常常揉脖子的原因。

美国联邦调查局前反间谍特工乔·纳瓦罗通过35年的观察和实践发现，人在感到异常紧张的时候，大脑会指使身体做出一系列颈部动作，以此来缓解自己的压力，也就是说，在面临压力时，脖子会出现一系列的动作。

纳瓦罗从小就注意人们的身体语言，在他很小的时候，有一次他与祖母一起外出，但是在马路上差点儿被一辆车撞上。这个时候，纳瓦罗发现，他的祖母立刻用手捂住脖子。就在回到家时，纳瓦罗的祖母在给家人讲述这件事情的时候，再一次捂住了自己的脖子。纳瓦罗感到很好奇，他不知道为什么总是要捂着脖子，但是他对这一动作产生了浓厚的兴趣。从此以后，纳瓦罗特别留意人们的摸颈动作。他发现人们在面临巨大压力的时候都喜欢用手捂着脖子。大学的一次解剖课上，当大家看到散发着恶心味道而且被挖空了内脏的动物尸体时，很多人都情不自禁地摸了摸自己的脖子。纳瓦罗还发现一个有趣的现象，那就是男女生在捂脖子时动作是不一样的，男生抓脖子的动作会比较大，甚至使劲地揉；女生的动作则轻柔许多，她们只是选择用手轻轻地盖住锁骨的部分。之后经过对身体语言的研究，纳瓦罗发现，人们在感到烦躁、不安、担心、惊恐、紧张的时候，通常会捂住或者摸自己的颈部。这些研究为他进入办案工作打下了良好的基础，纳瓦罗成为一名警察后，就经常运用这一动作背后的含义来侦破案件或者获得实话。

1979 年，纳瓦罗奉命去调查一名持械通缉犯，这名通缉犯十分的凶狠。为了尽快地把这个人捉拿归案，纳瓦罗就和嫌疑犯的母亲进行约谈。这位母亲知道纳瓦罗前来的目的之后，显得非常紧张，但是她对纳瓦罗的讯问却对答如流。纳瓦罗摸清了一些情况，然后四下打量了一下房间问："你儿子在家吗？"就在这个时候他发现通缉犯的母亲把手放到胸骨上窝，紧张地说："不在。"纳瓦罗似乎明白了什么，他突然问道："有没有这种可能，在你上班的时候，您的儿子却偷偷躲进家里了？"这个时候纳瓦罗再次发现嫌犯的母亲把手放到胸骨上窝说："没有，我不知道。"通过这两次的动作，纳瓦罗确信嫌疑犯就在家里。为了确认这种怀疑，纳瓦罗在离开之前又问道："您仔细想一下，您儿子真的不在家里吗？"事实正像纳瓦罗预料的那样，这位母亲又用手摸了脖子一下说："没有，真没有。"这次纳瓦罗就更加肯定了自己的猜测。纳瓦罗随即带人搜查房屋，果然在一个密室里找到了嫌疑犯。

案例中的纳瓦罗通过嫌犯母亲摸脖子的动作肯定她在撒谎，从而经过搜索找到了嫌疑犯。这主要是因为纳瓦罗在交谈的过程中一直提到在不在家，因为嫌疑犯本来就在家，嫌疑犯的母亲害怕儿子被抓到，所以心里有很大的压力，在巨大的压力下，不自觉地做出摸脖子的动作，而这一动作恰巧被纳瓦罗看在眼里，他就此断定嫌疑犯一定在家里。

纳瓦罗通过颈部的动作，就可以判断对方在撒谎，这是因为纳瓦罗知道摸颈是最常用的减压行为。这是因为在这个部位含有丰富的神经末梢，按摩之后能够舒缓血压、降低心律，起到镇静的作用。所以，在人感到心理压力较大的时候，常常会选择触摸脖子。特别是在撒谎的时候，撒谎要承受巨大的心理压力，为了减轻这种心理压力，撒谎者通常会采用触摸脖子的方式。虽然同为摸脖子，但是纳瓦罗通过研究发现，男性与女性在触摸脖子的时候所表现出的动作是不相同的。男性动作较大，喜欢抓住或者捂住下巴以下的颈前部。有的男性则喜欢用手调整领带结或衬衫衣领，让自己透气，即使是气温非常低，很多男性也会做出这样的动作，目的是给自己减压；女性在做这一动作的时候和男性是有很大的差别的，女性除捂住胸骨上窝之外，还会抚摸脖子上戴着的项链，或者是轻抚一下脖子后面的头发，旨在用这一方式来缓解自己的压力。同时，女性尤其喜欢抚摸颈部前方，当她们听到使内心不安的事情时常常不自主地用手掌盖住自己的脖子前方靠近前胸的部位。

男女两性的脖子因为差别巨大，所以也是区别两性的一个标

◎ 紧张的女性玩弄项链；紧张的男性拉领带

◎ 男性与女性触摸脖子的不同方式

志。当然这指的是成年男女，还没发育的娃娃不算在内。女人的脖子比男人的更细长，而且锁骨也更加小巧精致。男人的脖子比较粗，所以一定程度地遮盖了突出的喉结。通常我们会认为女人没有喉结，其实这是因为女人的喉结更小、更平，所以看不出来。在求爱中，露出脖子一方面是展示性别，另一方面也是表现友好。

## ≈ 肩膀流露的感情抵得过千言万语

肩膀表现了我们的身高和身体宽度，传达了即时的情绪。如何打扮肩膀，也就如何影响我们的形象。肩膀的作用如此重要，所以不论哪个国家的人都会对它高度重视。肩膀上的装束可以展示出两种截然相反的姿态。一种是主观的高高在上，另一种就是萎缩的低眉顺首。所以，电视上的某个著名人物出现时都是衣着光鲜，双肩耸立的；而马路上遇到的乞丐却一定是衣衫褴褛，佝偻着身躯。合身的衣服都能展露肩膀，表现出男人应有的刚毅或者女人诱惑的温柔。

肩膀是人躯干上很重要的一环，它把我们的手臂用锁骨和躯干相连，让手臂和身躯成为一体。它水平的、尖角的形状凸显了人类独特的方形轮廓，上臂的三角肌又用特定的弧线掩盖了骨骼的棱角。此外，肩膀又是可以修饰的，护肩可以增加肩膀的宽度，让人看上去更精神威猛，宽松的衣服又可以削肩，让人显得更加小巧精致。

肩膀的魅力不可忽视。爱米丽·科尔和妮拉·费雪的书《流行色》中写道："我们认为造物主赐予身体的最好部位是那对宽宽的肩膀。"这个评价恰当地肯定了一直以来被低估的肩膀。在求爱中，肩膀的作用和胸部、臀部还有腰身地位相当。它就像是一张无声的嘴巴，用不断的表演和舞动诉说着主人的一切情绪。最生动的就是那一个轻微的耸肩，抵过千言万语的力量。

男女的肩膀是完全不同的。女人的肩膀更小巧，因为她们的锁骨更短、更细、更平直。男人的肩膀就要宽大许多，因为他们的锁骨更长、更厚、并且向两边翘起。

所以，不同的特点就决定了男女要各自发挥长处。女人的肩膀比起男人来动作更多，所以表现力更丰富，魅力也就越大。肩膀的运动是由特殊的脊椎神经控制，因为不经过大脑，所以表达的情绪是冲动的、直接的、轻快的。肩膀上圆润的光泽和细腻的皮肤能抓住周围人的目光，并引向玲珑的锁骨和优美的脖子。尤其是在晚上月光如水或灯光璀璨的时候，女人裸露的肩膀可以反射出迷人的光泽，那种吸引力绝对不亚于一颗夜明珠。正是这香肩一抹，魂牵梦绕。所以，在《泰坦尼克号》里，罗斯多数时都是一身露肩礼服。

对男人来说，宽肩膀是魅力所在。女人都喜欢宽肩膀的男人，因为那象征着力量。所有的脊椎动物都是用宽度来主宰力量，所以完全伸展肩膀的动作被许多动物应用，包括鱼类、鸟类、爬行动物和哺乳类。正因如此，鳕鱼会把身体最宽的一面拿出来和情敌比较；青蛙在求偶时要鼓起肚子；变色龙用较宽的一面膨胀；大猩猩则捶击胸脯来展示力量。而作为男人，可以穿比较紧身的衣服，比如军装或者中山装。当然若是你的宽度不够，也可以用披肩来弥补。

女人的华丽服装除能提升形象外，还能展示肩部，折射出情感。露肩的衣服，不管是单肩还是双肩，都能体现肩膀的圆润和灵动。单肩裸露能体现出非对称美，而肥大的袖子让女人看起来一直在耸肩。善动的肩膀可以增强女人的气质，而静止的姿态就暗示着"我没有恶意，希望你接近。"虽然历史变迁，沧海桑田，可手臂、肩膀和锁骨在求爱中的作用依旧独当一面。古埃及壁画中的那些穿着管状外套的女人形象，到了今天仍旧流行一时。

到了今天，女性服装变得五花八门，可作用却还是一致的。虽然女人的乳房可以起到画龙点睛的作用，而其他部位的吸引力丝毫不减。无袖衬衫用来露出圆滚滚的手臂，"U"形、"V"形领口都是来显露颈部的凹槽和锁骨，女士的贴身小背心在肩膀上绘出了惹眼的线条，各种绣花的、蕾丝的、颜色各异的衣服进一步衬托了肩膀的柔美。

不过更细致地讲述一下，衣服的作用也还是有微小差异的。

光滑而平整的衣领可以让脸蛋看起来更加整洁，而衬衫的褶皱就像是皱纹一样，会让人看起来更老。因为女人是要展示曲线的，所以"U"形衣领比起"V"形就更有女人味。从心理角度来说，"U"形也比"V"形更温柔和善，因为前者没有棱角。

正确的穿着也能让男人展现出足够的力量。我们为了让自己看上去更强壮，会像其他的雄性动物一样尽量鼓起胸膛，从而看起来更大一点。所以河豚会给身体充气，而青蛙也会让自己膨胀。夹克对男人来说是一个非常好的选择，它加宽胸部，从而增加肩膀的宽度和高度。正因如此，商人、军人和运动员都青睐夹克，而女人也青睐穿夹克的"大男人"，因为他们看起来是很强壮的"护花使者"。

## ≈ 胸膛的审美千差万别

胸脯这个部位自然也是因性别而不同的。总体来说，女人的上身比较长，胸腔较短而圆，因为乳房的存在看上去更美。男人的胸膛相对就更长，没有乳房却残留着发育不全的乳头。在胸膛这个问题上，男女的偏爱也是必然有区别的，当然也存在一些小的认识误区。

先来说男人的胸部。很多男人普遍认为自己裸露胸部会很有魅力，其实这是个误区。女人并不会认为那样很性感，相反一部分女人会反感。再来说一下胸脯的大小问题。男人们普遍期望自己能有个健美先生那样的宽大身躯，胸肌最好和施瓦辛格有的一拼。可实际上那样的身材并不受女人欢迎，女人偏爱的是中等身躯的男性。最后，有一点是值得肯定的，女人都不喜欢发胖的或是虚弱的体格，其中最令人讨厌的是肥胖，其次就是瘦弱。女人平坦的、没有肌肉的胸脯就是为了突出乳房，这或许能说是有得必有失。

乳房在青春期后开始发育，直到丰满，当然也有少数例外。实际来说，在生理上乳房除了用来喂养孩子，就只剩下展示第二性特征的作用了。对其他的哺乳动物来说，这个展示的作用也是多余的，因为只有在怀孕后期，它们的乳腺才会发育，乳房才能丰满起来。黑猩猩只在哺乳幼崽时，乳房才能显现，而在其他阶段，它的胸脯是平的。同样你也可以观察自家的狗，当然必须是母狗。由此说来，这个展示的作用就是上天的一种恩赐。女人丰满的乳房是在向男人传达一种视觉信号："我是女人！"男人在收到这种信号后，通常会做出积极的回应，那就是性冲动。此外，丰满的乳房还标志着性成熟、母爱和生育能力。

但在求爱中，乳房的作用确实没有脸蛋和身材那么重要。举例来说，我们都特别欣赏奥黛丽·赫本的美貌，也有无数男人把她当作梦中情人，但她的确没有丰满的乳房可以展示，所以银幕形象一直是青春的玉女。总之，平胸的女人不需要自卑，因为乳房只是锦上添花的作用，不会影响大局。

对于女人的乳房也有一个误区，通常我们都认为男人有乳房情节。可跨国研究表明，男人并不贪恋乳房，只是认为丰满的乳房是魅力的表现罢了。

流行文化其实也深刻影响了人类对乳房的审美。再加上所谓的"仁者见仁，智者见智"，现如今的乳房偏爱各不相同。有的人会因为喜欢某个体育明星而偏好那种宽肩、窄臀的运动形体，有的人会特别偏爱芭蕾舞女、时尚模特那种小臀部、瘦肩膀、细长身材的类型，还有的人可能继续忠于《花花公子》女郎那种丰满体格。总之，就是审美标准千差万别，各不相同。

## ≈ 细腰肥臀最迷人

臀部与腰身，这两个连在一起的部位，是人类身上最性感的。对人类的魅力研究证明，细腰在男女之中都是最吸引人的。所以，怪不得"楚王好细腰，宫中多饿死"。魅力是随着腰臀比例的下降而递增的，过于小的臀部总是显得太过单薄。不过，因为我们有衣服，所以也可以调整臀部尺寸。

因为女人的骨盆更短、更宽、更倾斜，所以女性的腰臀比例大于男性。这个"S"形的腰部曲线有一个明显的内拱形，既能突出圆形的腰身，又能让女人的屁股显得更大，所以性感由此而生。另外，女人的腹部更加光滑、肚脐也更深。许多舞蹈，比如伦巴舞、康康舞、肚皮舞，都能完全展示出这些特点。当然，小小的露脐装也很有效果。

女性在进化过程中，饱满且呈桃型的臀部是生育能力优秀的特征。美国得克萨斯大学心理学家德文·德拉辛格对女性腰围与臀围的比例进行详细研究后发现，腰围与臀围比例为 0.7 : 1 的女性最令男性着迷。饱满的臀部不但可以储存生育所需的脂肪能量，而且更有魅力。

脂肪的堆积由性激素所决定。如果女性分泌足够的雌激素，她的腰围和臀围比例自然属于具有吸引力的类型。而属此范围的女性，孕育小孩时所遭遇的困难比其他女性要低。具有这种特征的女性，还往往会让男性产生无法抑制的冲动。

有一项有趣的调查表明，不管你承认与否，当一个女性转身离开的时候，有超过 2 / 3 的男性会有意无意地扫视一眼女性的臀部。

牛仔裤的风靡也就在于它的设计将臀部曲线很好地展示了出来，使我们更加具有魅力。同样的道理，丰满的乳房和修长的双腿也是使男性注意力集中的焦点——修长的双腿和丰满的乳房都是女性可以胜任养育后代这个任务的标志。在研究中人们还发现，大多数的男性对身体匀称度标准的女性更加青睐，这样的女性在他们眼中拥有不可言喻的吸引力，即我们所称的"性感"。所以，女性如果拥有匀称之美，就与性感画上了等号。

其实在哺乳动物中，人类的臀部曲线是独一无二的。经历了四百万年的进化过程，人类通过直立行走和奔跑，让

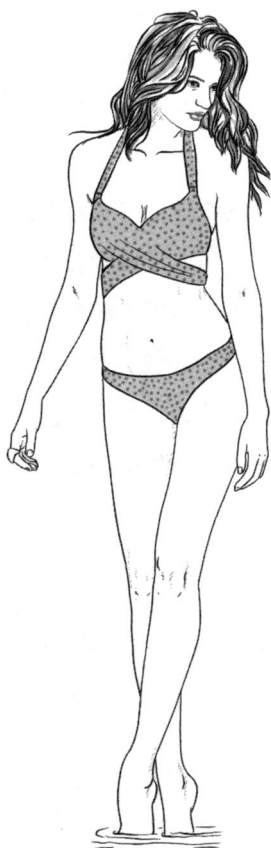

◎ 腰围与臀围比例为 7：10 的女性

臀部的结构发生革命性的变化，使得人类可以真正坐下来。即便是与我们非常相近的猴子和大猩猩，它们也只能拥有一个不定型的、平坦的、不能坐的屁股。但就算这样，当交配季节来临，雌性依旧会展示自己的大腿或者臀部，以确保雄性看到。

女人在青春期到来之后，屁股是一直膨胀的。在这个过程中，它的形状和大小带给了男人持久的性吸引。在每一个弯腰、下蹲的动作中，女人都充分展露了自己的屁股。而青春时那些漂亮的衣服，比如牛仔裤和低腰裤，都充分凸显了屁股的形状。所以，好的衣服是有魔力的，能够帮你修饰自身。

男人是偏爱看女人的翘屁股的。女人其实也一样，她们除了喜欢盯着男人的后背，也会被男人别致的小屁股吸引。同时，限于性别要求，女人的腿更短、盆骨较宽，这使得她们的步态和男人不同，走起路来要扭动屁股。当然即便是孱弱如林黛玉，走起路来不能乱扭，也自然可以有"行动处似弱柳扶风"的别样韵味。

## 第五章

交谈的艺术——

# 语言引发行动

## ≈ 交谈验证一切

当我们跨过了前两个考验之后，终于进入了爱情的稳定期：交谈。

美好的交谈能为两个相爱的人创造一处微型二人世界，世界的内容只有一个，关于他们两人的美好未来。所以，爱情里的卿卿我我虽然因人而异，却也是大同小异。林黛玉和贾宝玉谈论的是风花雪月、诗词歌赋，罗密欧与朱丽叶探讨的是爱恨情仇、欢聚离别。而在这个谈论的过程中，相爱的双方通过打量彼此的眼睛、嘴唇、眉毛、手势等来寻觅积极的信号。一旦对方脸蛋泛红、眉毛高扬、嘴唇翕张、回眸一笑，都会让自己备受鼓舞。科学的研究也同样证明，开怀笑声、点头同意和轻快的语气都暗示着两个人进一步互相吸引、信任、依赖，从而在感情上走得更远。

这一步是通往爱情亲密大道的最困难的一环，所以请过关的人不要高兴太早。不少缺乏经验的人会在这个时期陷入交谈的困境，好像是不会说话了。另外那些能交谈的情侣也困难重重，因为交谈阶段的情侣通常更为敏感，很可能会一言不合就谈崩。只有那些在爱情中轻车熟路的人才可能驾驭此时的风浪，最终到达爱情的阳光彼岸。有鉴于此，我们还是要对这个阶段的注意事项做详细的介绍和解释。

先总体说明一下，交谈中除要有内容外，还必须要注意时机、语调、姿势和肢体动作等。最重要的一点，就是我们一定要看着对方。但脑电波和皮肤电波研究显示，过于专注的凝视会让对方如芒在背，尴尬不已。所以对于这一点，我们通常也会有疑问："凝视彼此多久才算合适？"

经验解决了问题，在对视的过程中，我们必须做到专注又不能太刺眼。比较有效的方法是，交谈中双方可以每隔三五分钟看看别的地方，可以是自己的脚，也可以是周围的一棵树。这样一来，对方就会感觉比较惬意。下面一个心理学家的典型案例来自个人的自述。

心理学家克里斯遇到一个位高权重的政治人物，初次见面他就盯着克里斯看，还附带着噘嘴、摸脑袋甚至是拥抱她的姿势。谈话中，他试图与克里斯长期对视，但克里斯回避了他的目光，并用扮鬼脸来平衡自己的不安。谈话结束时，他突然又给克里斯一个快速的眨眼。当时克里斯心里非常激动，但仍旧能理智地回应。克里斯对着他点头并且微笑，用随时的转头来卸掉心中的不安。克里斯是很喜欢坦诚待人，但是处在那样的情景下，是不可能敞开心扉的。时隔多年，克里斯回想起来那次的会面，仍旧很想再去拜访他一下。

通过上面的自述，我们很自然地能明白对视在谈话中的作用。如果我们也不想被他人凝视，当然可以效仿这个自述者的做法，转头躲避对方的眼神。另外还可以不转动脑袋只转动眼珠，因为当你面对的是陌生人时，用转眼珠的方法可以保持脸庞不动，同时又不会表现得太没礼貌。

交谈作为求爱的第三个阶段，算是比较深入的环节了。在这个阶段中，谈话双方不光是在进一步了解彼此，更是在测试对方的情商、智商和对待生命、生活的态度。总之，就是用谈话来验证一切需要的信息。

正式的交谈开始于一个隐晦的试探。我们小心地提出一个问题，然后检测对方的答案是否与期望相符，再决定是否要继续交往。所以宝玉初见黛玉时，第一句话是问"妹妹可曾读书"而不是最为无聊的"妹妹可好"，因为每个人的想法和感情都是交织在一起的，所以想法是混合物，永远夹杂着个人的情感。在我们向对方提出问题的时候，就已经预备好了完美的答案。当对方回答时，我们还会从他的语气、表情和身体动作中透析他的潜台词。

所以说，在面对面的交谈阶段，双方的身体动作和面部表情都逃不过彼此的眼睛。而谈话和肢体的接触更是让一切情绪都无处可藏。

等到爱情进入更深的层次，谈话本身的作用就超过了内容，而是作为一种交流感情的手段了。比如，夫妻之间的交谈在生物学家德斯蒙德·莫里斯看来，就纯属闲聊。"嗨，亲爱的""你今天感觉好吗""出什么事"，这一类的话都不是为了表达或试探什么，而是在显示友好和表达注意。这就像是猴子和大猩猩用抚摸配偶的皮毛来表达喜爱一样。而强调语气的短语，就是为了传达渴望亲近的信号。比如"嗯哼""好的""是的""你知道的"这些话。

下面来看看这个交谈作用的反面例子。

两个相爱的人能走到交谈期，的确是需要很多缘分。但比较可惜的是，一些人进入这个阶段后就无法进一步发展了，他们就是无法交谈，让爱情继续升温。有一对单身父母亲，乔和安就是这样。乔的儿子和安的女儿在同一所学校上学，他们因为孩子相识，也可能是因为孩子互相吸引。安对乔非常喜欢，她知道乔的名字，也能感觉到他对自己有意思。

周末的时候，他们和其他人一起出去郊游，很多时候他们都能心有灵犀地注视对方，但就是没有言语。他们一直相距 15 米，互相凝视、微笑、点头甚至表现出清晰的内八字脚来传达爱意，可就是没人敢跨出那一步。这种情况持续了 6 个月，却一直都没有清晰的进展。

安告诉别人说："我从来都不知道该说什么，可能他也是那样。我们就是站在那里，看看对方，然后走开。我对此真的非常遗憾，当然我也确信他有同感。"

这个失败的案例可以警示我们，那些类似乔和安这种无话可谈的情侣，必须要明白说话这个动作是比说话内容重要的。在谈话的阶段中，我们说话的内容不一定要非常有趣、吸引人或是像圣人那么有道理，简单的一个打招呼就非常有用。讲话实际上就是一种邀请，向对方表明"我很在意你"这个意思，而不是在对着信徒传教或是为了竞选演讲。

有一点需要补充的是，男人在说"你好"时只有71% 奏效，而女人则是100%。所以，假如有个陌生人想要用笨拙的笑话打进他人的世界，女人不会像男人那么有耐心听下去。

如此一来，当我们想要和一位漂亮的女性搭讪时，要么你就准备充分，不会怯场；要么你就用个简单直白的开头，不要妄想装模作样、能说会道可以勾起她的兴趣。

## ∽ 想赢得好感，要会巧妙赞美对方

在人际交往中，尤其是初次见面中，为了获得别人的好感，人们会采用赞美别人的方式。赞美的话，人人都会说，但是并不是人人都能说好赞美的话。赞美要有根据，因为有根有据，有板有眼才能避开阿谀之嫌。才能让赞美变得真实可信、生动形象。之所以要说赞美的话，主要是因为赞美能带来好的结果。

萨兰奇是一个心直口快的人，为人很爽快，不懂得怎么去恭维别人，使别人心情愉悦。也正是因为如此，萨兰奇遇到了一件很令他尴尬的事情。有一次，他很多年都没有见过面的校友安吉丽娜从别的城市过来看他。他的校友虽然打扮得还很时尚，脸上也做了精心的修饰，但依然挡不住岁月刻下的道道痕迹。萨兰奇到车站去接安吉丽娜回来的路上，安吉丽娜很随意地和他开着玩笑，两个人说说笑笑气氛很是融洽。过了一会儿，安吉丽娜突然问萨兰奇："不知道的人可能会把我当成你的女朋友呢？"萨兰奇看了看安吉丽娜涂满脂粉的脸，虽然用了很多名贵的化妆品精心粉饰，但眼角、嘴角的皱纹依然有点明显。萨兰奇本来就很直率，并没有考虑很多就说出了自己真实的想法，不曾想听了他的话，安吉丽娜收住了笑容，不再言语，表情也极度不自然。

在这之后的好几天，安吉丽娜对萨兰奇都不理不睬，这让萨兰奇很疑惑。萨兰奇对此十分不解，就打电话向母亲询问，母亲问清原委后，给了萨兰奇一些忠告：很多时候面对不同的人不能都是实事求是的，这样很容易得罪人，很多时候说话要委婉，要懂得去恭维别人，就像是遇到不再年轻的女人时，一定不能直白地说出她的真实年龄，而是要尽量往年轻了说。因为只有这样，对方会感觉到自己看起来很年轻，会变得心情愉悦。虽然是谎言，但对方仍然会愉悦地接受这个善意的谎言。

案例中的安吉丽娜之所以对萨兰奇不理不睬，主要是因为萨兰奇不懂得说话，不懂得赞美人的艺术。他面对年纪大的安吉丽娜，没有夸安吉丽娜显得年轻，而是如实说出了自己的想法。这自然引起了安吉丽娜的反感。

在恋爱专家看来，赞美别人，就仿佛是用一束火把照亮了别人的生活，同时也照亮了自己的心田，有助于发扬被赞美者的美德和推动彼此感情发展。

在两性相处中，最关键的是你能接近对方，而后才能去影响他人。这是千真万确的。一个女人说出的经过明智选择的话，可以改变一个男人对自己的整个看法，使他变得更好，使他对生命有个全新的看法。

汤姆·强森是个年轻的退伍军人，他在战争中受了伤，一条腿有点残废，而且疤痕累累。幸运的是，他仍然能够享受他喜欢的运动——游泳。

有个星期天，他和他的太太在汉景顿海滩度假。做过简单的冲浪运动以后，强森先生在沙滩上享受日光浴，不久他发现大家都在注视他。从前他没有在意过自己满是伤痕的腿，但是现在他知道这条腿太惹眼了。

下个星期天，强森太太提议再到海滩去度假。但是汤姆拒绝了——说他不想去海滩而宁愿留在家里。他的太太的想法却不一样。"我知道你为什么不想去海边，汤姆，"她说，"你开始对你腿上的疤痕产生错觉了。"

"我承认了我太太的话，"强森先生说，"然后她向我说了一些我将永远不会忘记的话，这些话使我的心里充满了喜悦。她说：'汤姆，你腿上的那些疤痕是你的勇气的徽章，你光荣地赢得了这些疤痕。不要想办法把它们隐藏起来，你要记得你是怎样得到它们的，而且是骄傲地带着它们。现在走吧——我们一起去游泳。'"

汤姆·强森高兴地去了，他的太太已经为他除掉了心中的阴影。

是的，真诚的赞美和激赏，是值得尝试而能使男人发挥出最大能力的有效方法。我们完全尽力了吗？没有人知道。有一天我们将会失去两个丈夫里头的一个，而只剩下一个保留着——那个他想要变成的人。

但是，并不是所有的赞美都能起到这样的效果。赞美只有注意一定的技巧才能起到良好的效果。

首先，背后赞美能够起到良好的效果。背后说别人的好话，远比当面恭维别人或说别人的好话，效果要明显好得多。之所以会这样说，主要是因为如果我们当面说人家的好话，对方会以为我们可能是在奉承他、讨好他。当我们的好话是在背后说时，人家会认为我们是出于真诚的，是真心说他的好话，人家才会领情，并感激我们。所以在日常生活中，背着他人赞美他往往比当面赞美更让人觉得可信。因为你对着一个不相干的人赞美他人，一传十十传百，你的赞美迟早会传到被赞美者的耳朵里。这样，你赞美的目的也就达到了。

其次，推测性赞美会起到更好的效果。借用推测法来赞美他人，虽然这种方式有一定的主观意愿性，未必是事实，但是能从善意的想象中推测出他人的美好东西，就能给人以美好的感受。推测性赞美分为两种，一种是祝愿式的推测，一种是预言式的推测。祝愿式推测，主要强调一种美好的意愿，用一种友好的心情去推测对方，带有祝愿的特点。这种推测也未必很可行，但推测者是诚挚而善意的。预言式推测，带有一些必然性、预见性，可以针对工作、生活中可能会取得的成绩进行预测。

再次，我们主张在赞美别人的时候一定要情真意切，虽然人人都喜欢听赞美的话，但并非任何赞美都能使对方高兴。虚假的赞美会引起别人的反感。真诚的赞美不但会使被赞美者产生心理上的愉悦，还可以使你经常发现别人的优点，从而使自己对人生持有乐观、欣赏的态度。毕竟每天都抱着感恩的心情生活是很美好的。赞美别人时不妨采取翔实的方法。人们有非常显著成绩的时候并不多见，更多的人都是默默无闻的平凡人。因此，交往中应尽量从具体的事件入手，善于发现别人哪怕是最微小的长处，并不失时机地予以赞美。赞美用语越翔实具体，说明你对对方越了解，对他的长处和成绩越看重。让对方感到你的真挚、亲切和可信，你们之间的人际距离就会越来越近。如果你只是含糊其词地赞美对方，说一些"你工作得非常出色"或者"你是一位卓越的领导"等空泛飘浮的话语，就可能会引起对方的猜疑，甚至产生不必要的误解和信任危机。

最后，赞美要合乎时宜。赞美的效果在于见机行事、适可而止，真正做到"美酒饮到微醉后，好花看到半开时"，这样才能有影响力。当别人计划做一件有意义的事，开头的赞扬能激励他下决心做出成绩，中间的赞扬有益于对方再接再厉，结尾的赞扬则可以肯定成绩，指出进一步的努力方向，从而达到"赞扬一个，激励一批"的效果。这些赞美的方式无论是在工作生活、日常交往还是情感交流中，都是非常有效的。

## ≈ 微微偏头，表示赞同

美国的心理学家马塔拉博士曾对警察和消防人员做过相关实验。他以20人为实验对象，给每个人45分钟的交谈时间，其内容包括家庭和学习经历两项。前后两项各用时15分钟。在实验人员中，前一项的交流时间内，博士用一般的方式聆听；而在第二项的交流时间内，博士会拼命地点头。最终的实验结果显示，当博士拼命点头时，这20位实验者中的17位会将谈话时间增加。而这一结果也证明点头被交谈者视为一种友善的行为，能满足人性中寻求社会认同的期待。那么一般的点头是否能达到使对方说更多的效果呢？实验同样证明："速度稍快或略有夸张"的点头动作效果更好。当我们用镜子检查自己的点头幅度时便会发现，一般的点头幅度太小，这肯定是不行的。我们还可以试着微微偏头，

◎ 两人谈话中，一人微微偏头，表示赞同

这样的一种姿态既能显示出关注，又能表达出赞同。

曾有一名出色的谈判专家，每当遇到难搞定的谈判时，同事们总会找他帮忙。这位专家曾经总结说，最终能够顺利地与对方达成谈判共识，最容易使用的技巧就是"点头"。每当与约谈对象面对面时，他总以下面的三句话作开场白："你是××先生吧？""你是来接受这次约谈的？""你今天很准时！"这样每位被约谈对象都会向他连点三次头，别小看这三次点头，它会让彼此的交流更顺畅，因为它代表的是一种认同感，就和潜意识的催眠一样。

同样的，在交谈的时候，这位专家也会以点头的方式对被约谈者的话语表示认同。因为当被约谈对象正在侃侃而谈时，如果你不做出任何反应表示认同的话，那么对方将会失去说话的兴趣。而大多数人在回应对方的交流时会在"嗯、啊"的时候顺便点点头，可是这种表情在第三者看来，回应幅度太小了，很有敷衍的意味。对于一些很难敞开心扉的被约谈者来说，不仅是因为他们很难信赖别人，另一方面的原因是在其说话时，对方点头的频率太低。所以，每次探员杰西在倾听对方谈话时，都会很夸张的，以一种全身心的倾听姿态点头。他经常说："想要撬开嫌疑犯的嘴巴，点头是非常重要的技巧。"

头部是气场的大门，这是毋庸置疑的，头部是人们眼中第一注视的地方，俩人交谈时头部也是一直处于对方视线最中心位置的，所以要很好地利用头部，因为它所产生的气场会最直接且最有效地作用于对方。

要知道什么样的头部姿势代表什么样的意思，更要知道如何利用这种姿势。正常地抬着头表示中立，当人交谈时，要学会保持头部不高不低，不左右歪扭，偶尔在脸上出现细微变换代表着他们在思考或是对对方所说的话表示疑虑，而在听上司演讲或是训话时，他们也会如此，因为这样可以表达出他们对上司的言论如饥似渴，既能激发上司演讲的热情，又能在上司心中留下良好印象，何乐而不为呢。但他们会尽力不让自己的头看起来有上扬的嫌疑，因为那样做会适得其反，从而产生傲慢、轻蔑的气场。而将头歪向一侧则表示顺从，因为歪着头的时候会将人体最薄弱的咽喉部位展现出来，并且身高会因此降低，从而大大削弱了威胁性，因此会产生一个轻松优越的气场，当他们需要与人拉近关系时就必须要抛弃他们的威严以及犀利的气场，尽力形成平易近人的气质模样。

在恋爱关系中，点头的艺术同样是至关重要的。点头自然表示赞同、同意的意思。有关人士经过研究发现，通过点头的次数以及节奏的把握可以刺激说话人说话的欲望，也能产生积极有效的沟通气场，甚至还能取得傲慢无礼人士的好感。实验还表明，每次点头连续三次是最佳的次数，能够最大地刺激讲话者的讲话欲望，会使得讲话者比平时健谈三到四倍。缓慢的点头节奏会产生一个共鸣的气场，让讲话人明白对方在仔细地聆听，甚至当你面对一个对你飞扬跋扈讲话的人时，不时友好地点头也能够快速赢得对方的好感，从而让你们之间架设起沟通的桥梁。

在求爱过程中，当我们想让对方按一定的节奏继续话题时，可以在恰当的时间点头表示认同，这种动作会让对方好感倍增，从而不停地说下去；当我们在认真听内容时不断点头，那么对方则会被我们的热情所感染，从而知无不言，不加隐瞒；当对方陷入沉默时，我们一边夸张地点头，一边说："对，你说得很有道理，我也这么认为。"此时对方会对你立刻产生好感，甚至会继续刚才的话题。

与异性进行谈话并不是一件复杂的事情，只要我们在边认真听取对方讲话时边点头，就能使对方感到满意并一直讲下去。如果我们的点头频率高出平时的两倍，那么对方同样能感受到我们两倍的认同，并给予我们两倍的回报。

## ≋ 不经意说出口的话，最容易让人相信

马洛丁准备跟自己相恋了一年半的女友结婚，但是又有点儿担心。因为毕竟婚姻不是儿戏，一年半的时间并不是很长，虽然他与女友相处这一年半过得很愉快，但是他对女友以往的生活和感情经历却没多少了解。为了两个人以后的幸福生活，马洛丁决定运用一点儿小手段套出女友过去的生活经历，作进一步了解以后再决定是不是要结婚。

在一个周末的午后，马洛丁把女友约到一个装修很温馨很舒适的咖啡馆，两个人随便聊一些工作生活中的琐事。聊的过程中，马洛丁故意用很幽默的话语坦率地向女友讲述着自己从小到大的生活经历，包括自己曾经的恋情，"我小时候长得并没有现在这么帅，而且很没有女人缘，基本上都是一个人独来独往。后来随着年龄的增长，我也和一些女孩接触过，还谈过一个女朋友……"就这样，在一个漫长却很温馨的午后，马洛丁用极其诚恳的态度向女友诉说了自己成长中各式各样的经历。此时女友不但感受到马洛丁的诚恳，而且也被这种温馨的气氛所感染。顺其自然地，她也向马洛丁讲述了自己不开心的童年往事和充满幻想的青涩时光，以及让自己很受伤的恋情，女友还表达了他对马洛丁深深的爱。就这样，一个下午过去了，马洛丁不但达到了自己的目的，而且也让彼此更加了解对方，同时他也知道他得到了一个深深爱着他的女友。马洛丁看似不小心说出了自己的往事，让女友受到触动，

陈述了自己的过去。

马洛丁之所以能与女友进行深入的交流，很大程度上，就是因为他以貌似不经意的方式说出了他过去的经历，而这种看似不经意间吐露的话，在听者看来，往往比正儿八经说出的话更具有可信度。这样的一种情况，其实，在我们身边就很常见。

我们平常在看报纸杂志、浏览网页信息，甚至是看电影看电视的过程中，很容易接触到一些特殊的文章与影像，它们看起来似乎是在讲述某个故事或事件，但留心观察，就不难发现其中会出现某些品牌名称、产品样式或者一些特别的评价，等等，比方说 2010 年备受关注的电影《唐山大地震》中，人们就很容易发现中国人寿、剑南春等品牌广告。这样一种含蓄的植入性信息，目的就是为了让人们在无意识的状态下记住这些特殊信息，而且不像直接宣传那般容易引起人们心理上的警觉与排斥。

同理，在求爱过程中，我们也同样可以运用上这样一种特殊的信息传递方式——以看似不经意的方式，将重要的信息"植入"闲聊中，在潜意识里给对方留下印象。我们将这种状态称为"特异时机"，意思就是向对方传递有用信息的最好机会。人们在闲谈之时，由于聊的大都是"鸡毛蒜皮"一般的小事，情绪比较放松，心理缺少防备，这时候去灌输一些有用的信息，人们很可能不假思索就吸收下来了，如果不断重复地灌输，就能给人留下深刻的记忆。

利用闲扯瞎聊之时"植入"信息，与正儿八经直白表述相比，虽然两者的目的都是为了将某些信息传递给对方，效果却是大不同的。研究人员给出的解释是当一个人正正经经强调那些重要信息时，他的听众也会被你带入这种"正经"状态，会审慎地进行一番听取、辨别、质疑、筛选，最后很可能对他所说的话抱定半信半疑甚至是完全不信的态度。而在闲聊之时以不经意的方式去灌输信息，人们的疑心会少很多，戒心会弱很多，也更容易收到"随风潜入夜，润物细无声"的传递效果。

## ≈ 嘴唇"说"得比语言更多

众所周知，一张紧闭的嘴唇会让我们感觉到压力，会让我们欢快的情绪顿时冷却。嘴巴是如此富有表现力的部位，以至于传达的信息是那么直接。

生物上的剖析显示，嘴巴的动作是由轮匝肌控制。当嘴巴张开时，周围的括约肌全部启动。当一个人处于紧张的状态时，嘴唇会按照大脑的要求紧紧关闭，好像把一切都拒之门外。所以，用紧闭的嘴巴拒绝靠近是非常有效的。在动物世界中，猩猩决斗时，嘴巴一律是紧闭的。而世界各地的人，在愤怒的情况下，也没有张开嘴的。

所以，在求爱中，你千万不要紧闭着嘴巴，那样只会让你吓跑异性。而你也可以根据嘴巴的表现，来判断对方的感受。

人的嘴部动作是很丰富的，不同

◎ 紧闭嘴巴的人显得严肃

的嘴部动作可以表示不同的意思。我们通常都会习惯性地认为撇嘴唇是在表达不满或者轻蔑。这里所说的撇嘴唇与孩童经常使用的噘嘴唇不一样。孩童们在愿望没有得到满足时会把嘴唇撅起来，显得嘴唇很厚。而撇嘴唇则是收缩唇部肌肉，使得唇形更小。在这个过程中，嘴角也会轻微下垂，显出轻蔑的神情。做出这个动作的人可能不太认同对方的意见，或者根本就瞧不起他。所以人嘴部的动作是很丰富的，这些丰富的嘴部动作，从某种程度上可以折射出一个人的性格特征和心理态度。

1. 嘴唇往前撇。

人的下嘴唇往前撇的时候，表明他对接收到的外界信息，持不相信的怀疑态度，并且希望能够得到肯定的回答。身体语言学家皮斯夫妇曾在他们的著作中谈到傲慢者撇嘴唇的可能根源，据说英王亨利八世有一张小巧的嘴唇，而在每次宫廷画师为他画像时，他都喜欢撇上嘴唇，如此一来，他的嘴巴看起来就显得更小了。在16世纪的英国，国王的这一习惯使得小嘴巴成为当时一种高贵身份的象征。而在民间引发了模范的热情，大部分贵族都会用这一表情来表明自己的地位。久而久之，这种表情被认为是贵族专属。而今时今日，许多英国人和美国人仍然在使用它，当他们感到被地位低于自己的人所胁迫时，英国人仍然会用撇起嘴唇的表情来表示心中的不满。撇上嘴唇的动作在英国人当中十

◎ 嘴唇往前撇

分常见。他们这样做是为了能够较好控制脸部肌肉，从而减少面部表情的发生，尽可能地不将所有的情绪都写在脸上。英国人的这一面部动作很容易给人留下冷静、情绪内敛的印象。

2. 嘴巴抿成"一"字形。

大多数人在需要做重大决定，或事态紧急的情况下会有这样的动作。他们一般都比较坚强，具有坚持到底的顽强精神，面对困难想到的是战胜它而不是临阵退缩。他们也是倔强一族，每件事都经过深思熟虑而采取行动，这时候谁也阻挡不了他们。他们抱着不到黄河心不死、不撞南墙不回头的心理，所以获得成功的概率较大。

3. 牙齿咬嘴唇。

在交谈的时候，通常的情况是上牙齿咬下嘴唇、下牙齿咬上嘴唇或双唇紧闭。这表明他们正在聆听对方的谈话，同时在心中仔细揣摩话中的含义。他们一般都有很强的分析能力，遇事虽然

◎ 嘴巴抿成"一"字形　◎ 牙齿咬嘴唇　　　◎ 嘴角上挑

不能非常迅速地做出判断，但是决定一经做出，往往没有后顾之忧。

4.嘴角上挑的人。

机智聪明，性格外向，能言善辩，善于和陌生人主动打招呼，并进行亲切的交谈。他们胸襟开阔，有包容心，不会记恨曾经伤害过他们的人。有着非常良好的人际关系，在最困难的时候常常能够得到他人的支持与帮助。

上扬的嘴角表示开心，下撇的嘴巴则传达痛苦。这两种动作其实早在不经意间就被广泛认可。当然，嘴角还能表达的情绪非常之多，所以要先认识一下嘴巴的构造。

简单来说，嘴角是由降口角肌控制的。当这块肌肉收缩时，就会把嘴角下拉。此时人不是处于悲伤中，而是有一点不开心而已。但通常此类小情绪很容易被忽视，可嘴角不会对这个轻微的反应视而不见。

通过这些具体的嘴部动作，我们可以来判断对方是怎样的一种性格，然后根据对方的性格展开追求。当你在和约谈者交谈的时候，不妨把注意力集中在对方的嘴唇上，假如发现对方有反复舔嘴唇的不正常举动，就说明此时对方的心里非常地焦虑，在这个时候，可以展开温情战术，对对方进行心理的安慰。表面上看来是在打消对方的顾虑，实则是在运用温情战术俘虏对方的心。

## ≈ 交谈时，听懂鼻子的语言

鼻子也是灵敏的测谎仪，这是千真万确的，人说谎的时候，鼻子会变大，这是怎么回事呢？人在说谎时，多余的血液会流到脸上。一些人整个面部都会变红。这会使鼻子膨胀几毫米。说谎时会在鼻腔里出现一种叫作儿茶酚胺的化学物质，引起鼻腔内部组织的不适，因而人们就会用手去揉摸鼻子以便缓解。这一规律一经发现就被广泛应用于心理测试中，用来判断受试者的回答是否属实。当然，这通过肉眼是观察不到的，但是说谎者会觉得鼻子不舒服，会不经意地触摸它——这是说谎的体现。撒谎的人老爱触摸自己，就像黑猩猩在压抑时会更多地梳妆打扮自己一样。

心理学家奥惠亚等曾做过这样一项实验：指示被实验者用谎言回答面谈者的提问，并分别记录刚刚下达指示后、撒谎前、撒谎时、撒谎以后等各个时间段里的非语言型行为，与不说谎时的行为加以比较。刚刚接受指示后，被实验者撒谎的时候，回答变得更加简短，而且还伴有摆弄手指、下意识地抚摸身体某一部位等细微的动作。人在撒谎的时候越是想掩饰自己的内心，越是会因为多种身体动作的变化而暴露无遗。

虽然鼻子周围的神经组织并不像眼睛周围的神经组织那么敏感，但是它一样具有很强的灵性，有些时候它会因为个体性的差异或外界因素的刺激而有更加敏感的表现。

比如在空气不流通的地方，人们常常会听到鼻子发出"哧哧"的声音。有一个成语叫"嗤之以鼻"，当鼻子发出"哧哧"的声音的时候，有一个轻微的小动作是不容忽视的：鼻子向上微微提了提，这就是鼻子向你发出的信号，它在告诉你：我瞧不起你、我不在乎、你有什么了不起！其实只要抓住这一个小小的细节性的动作，就能在瞬间听懂鼻子说的话。

与"嗤之以鼻"相应的还有"鼻孔朝天"。"鼻孔朝天"在成语解释中的意思是：仰起头来将鼻孔朝向天空，形容的是一种高傲自大的神态。在谈话的时候，如果对方将自己的鼻子渐渐抬高，同时鼻孔也慢慢胀大时，就表示他对你的意见是不赞同的，并且用鼻孔来表示对你的不满或反对。因为胀大的鼻孔有时候代表的是一种情绪的压制，通常多是不满、愤怒、恐惧或者是兴奋、紧张等情绪。

◎ 鼻孔朝天表示反对

心理学家通过经验总结得出结论，初次见面的人通过观察对方的鼻子，也可以了解到对方的性情与内心。一个鼻梁高挺的人，总是自信而智慧的。但是鼻子的高低与性格上的傲慢无礼是没有必然联系的，我们在观察对方的时候不能将他天生的鼻梁高挺和鼻孔抬高混为一谈，这样就可能造成误会。

专家认为，当一个人在回答问题的时候，如果他一直将手放在自己的鼻子上，反复摸着，那么我们就很难相信他在这个时候所说的话是真的；如果开始时他并没有去摸鼻子，而是在我们突然提及某件事、某个人的时候做出这样的动作，那么就可以断定这件事或这个人一定是对他造成了某种影响，或者是他在这件事上对我们撒了谎。这样的规律在商务谈判中也同样适用。

在实际的谈判中我们往往也会看到一些捏鼻子的动作，它与摸鼻子所表达的意思是不同的，而是要将自己内心的矛盾传递给对方，等待的是对方的回应。在行为心理学中，突然捏鼻子，表明一个人正在困境中挣扎，希望通过反复琢磨理出头绪来。

在双方交谈的时候，不光是要观察对方鼻子的高低，还可以留心一下他的一些小动作。比如有的人在谈话的时候喜欢抓鼻子、摸鼻子，这个时候你就要想一下了，是不是你的话让他产生了怀疑，如果你还想向他提出一些帮忙之类的请求的话，那么还是考虑一下吧。

◎ 摸鼻子表示遇到麻烦事

一个人在开始摸鼻子的时候，多数情况下是因为遇到令自己头疼的麻烦事了，他也许是在说："嗯，让我想一下"；"这个问题……"心理学家在与这类人谈话的时候常常会注意他们每一个小动作，因为这类人说的话可能对自己有所保留，也可能对自己的问题存在怀疑却不直接说出来。

在一次宴会上，有一位男士看见了一位令他心动的美丽女士，于是就主动地向其搭讪，并很快攀谈起来。在谈话的过程中，他不停地将自己吸烟的姿势和吐出的自认为很独特的烟圈向那位女士展示着。不料女士并不感兴趣，出于礼貌她只能简单回应，她渐渐仰起头，尽量不看向男士，并用手捂住了鼻子。最后，女士实在是忍受不了这样的气味而逃开了。

那位男士以为自己吸烟的姿势会迷倒女士，却没有发现女士在闻到烟味时，鼻子已经向他发出不满的信号了，但是沉醉在自己的世界里的男士竟然没有发现。所以，在双方谈话的过程中，要注意观察对方的鼻子，正确地解读对方由鼻子发出的信号，例如听话时鼻子有没有抬高；仰头的时候，视线有没有由上而下投来等，如果是这样，那就赶快换个话题吧，避免不愉快的事情发生。

在心理学中，我们把鼻子发出声音、鼻孔胀大这些现象当作一个人心理情绪的反映。情绪达到高潮时，有时候还会在对方的鼻头上发现些许汗珠。如果不是对方有鼻子冒汗的习惯，并且排除天气的影响，那么这个人此时多半是处于紧张、焦虑的心理状态，在内心进行着一场激烈的思想斗争，担心情况不能如自己所愿。

面部表情本身就丰富无比，我们在交谈时，可以通过这些细节的观察，来判断对方是怎样的一个人，以及对方的心理活动。这种方式可以帮助你进入对方真实的内心世界，明白对方在想什么，然后根据对方的心里所想，展开合适的求爱策略。

## ≈ 把握恰当的谈话时机

当你们可以放松交流的时候，也要注意谈话必须和谐才能为进一步的了解奠定基础。如果在交谈过程中，能有节奏地点头、注意说话顺序、保持谈话氛围、恰当运用肢体，那么谈话双方就能把关系更进一步。但如果两者无法配合彼此，那肯定会各自感到失望，从而产生所谓的"不适合"想法。

这就是所谓的谈话时机问题。求爱中我们应用了脸蛋、身材、肢体语言，一路过关斩将，现在就到了学会把握时机的时候了。两个人在一起交谈，是必须要有顺序的。同时说出话来不仅让彼此无法倾听，更让他们感受到不被尊重。而若是两人又同时沉默下来，那更会让人痛苦不堪。沉默不仅能打消自身的热情，更会像流感一样传染。作为一个从小接受谦逊教育的中国人，我们更应该注意不能太过低调。否则，两个相互倾慕的人就有可能被沉默扼杀兴趣。

大部分动物是不说话的，但它们求爱时的协调和我们谈情说爱时注意顺序却道理相同。不论是何物种，包括爬行动物、哺乳动物、鸟类等，在做爱之前都会调整自己，保证双方步调一致。野鸭会高扬起头，猛地拉回来。雄性在做了这个开场动作后，雌性就会跟着一起甩头。这种特殊的舞蹈虽然非常简单，却也是爱情的华尔兹舞步。

鸟儿在求爱中共同鸣唱，蛇在交配前相互缠绕，雌雄蜥蜴互相点头示爱，这一切的行为都是在找寻爱情的节拍。放回到人类自身，舞会上优雅的步伐，歌曲里动人的节奏也都是在为爱情创造和谐的感觉。

追求和谐在工作和生活中也很常见。比如在工作场合，若要和同事建立比较亲密的关系，可以用"以走代说"的方法。因为大多数上班族都有固定的作息时间，工作时不能随意交流，但可以在午餐时间追求同步。在吃饭前和饭后，都能邀请同事一起散步，这个过程中两个人的心是靠得很近的。你们一起前行，有同样的目的，走同样的道路，分享同样的经历，带着同样的心情。你们还会协调行走的频率，趋同心跳的节奏，摆动同步的双臂。这就和两个人跳舞一样了，虽然你也许并没察觉。

当然，想要取得最好的效果，你应该走在对方的左边。这不光是因为左边离心脏比较近，更是因为人的左耳相较于右耳来说，更趋于感性。左耳可以捕捉到声音中微弱的韵律和音乐的节奏，从中理解出微妙的情感。所以，对着他的左耳说话，会让他更喜欢你。

此外，肩并肩地前进可以帮你轻松维持关系。因为面对面的相处一般会让人感到压迫，而并肩则带来平等。当年亚里士多德的追随者就是这么一群走来走去的人，从不坐着听课，而是边走边说，所以他们被称为逍遥学派。这个称呼的确非常恰当，散步的同步节奏会增进友谊、激发灵感并理清思路。情侣在散步中会愈发亲近，因为那些田间小路、林荫大道、古迹小巷都能促使他们在思想上像逍遥学派一样做深层交流。

当你学会了上面的技巧，当你中意某个人的时候，最好能将这种好感表达出来。

狄更斯的《大卫·科波菲尔》中有个故事：大卫爱上了朵萝，却不敢表白，朵萝的好友密尔小姐看出了他的意思，对他说："泉水不能掩住，要让它喷射；土壤不能闲着，必须耕耘；春天的花得及时攀折。"或许已经领悟了其中的奥秘：爱就要行动。也就是说，当你爱上一个人时，就应该不失时机地向对方表明自己的爱。其实表达爱意是每个人的权力，鼓起勇气，大胆地说出自己的心意，才有可能获得对方的爱情。

## ≈ 沟通是一种心与心的交流

棒球界的神话劳伦斯·彼特说过："求爱的终点不是追求的终点。"在任何社交场合，你都得进行非语言符号、信息、暗示的交流。

托尔斯泰笔下的列文在向他心爱的女人吉娣求婚时就很注意时间的选择。列文到达吉娣家里时，晚会还没开始，客人们还没来，男女主人都还在自己的房间里，客厅里空荡荡的。在这种情况下，没有谁会妨碍他向她开口。

这正是列文选择的最佳时机。

"我告诉过您，我不知道是不是要住好久，这要看您了。"

吉娣的头垂得越来越低，自己也不知道该怎样回答他眼看就要出口的话。

"这要看您了！"他又说了一遍。"我想说我来是为了要您做我的妻子！"他嗫嚅地说，自己也不知道在说些什么。

她艰难地呼吸着，没有看他。她兴奋极了，心里充满了幸福感。

在这里，列文对吉娣做了爱情的表白，吉娣也完全明白了列文的意思，沟通很顺利。

心理学家认为，沟通是一种心与心的交流，既需要发出信息，也需要信息反馈。首先是对于发出信息的人，一个人既然发出了信息，他就希望对方有所反应，并根据对方的反应采取相应的举动。当列文得知求婚无望时，他鞠了一躬，想退出去，人们不能仅凭

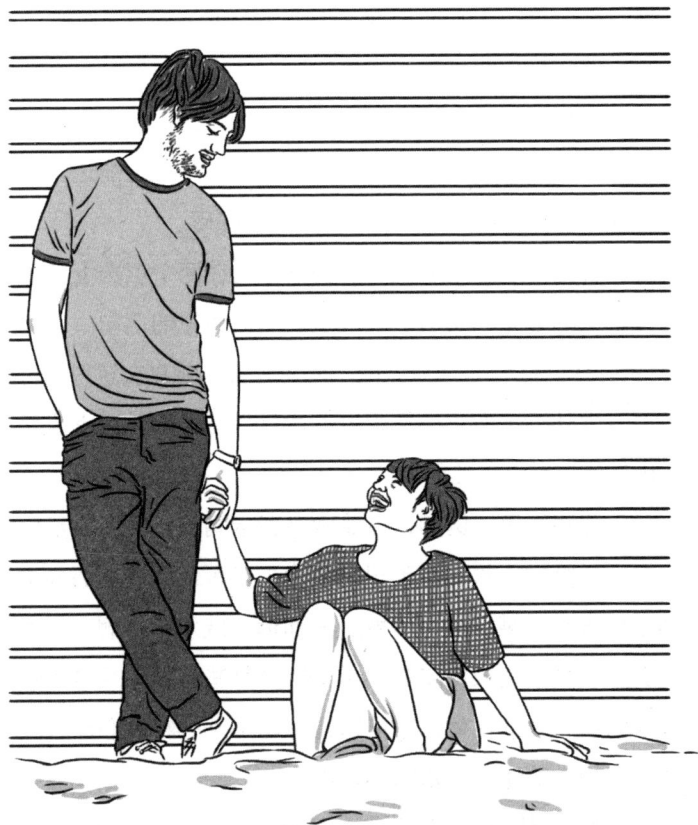

◎ 沟通是心与心的交流

着自己的意志去行动而不看对方的反应。有的人不注意对方的反应如何，只顾按自己的固有想法去行事。比如说聊天时，明明对方已经很不耐烦了，却仍然滔滔不绝地讲下去。

通过反馈，我们可以摆脱语言的困境。经常有这样的情况，对方正谈到兴头上，而你忽然想起有一件事要去做，这时怎么办呢，或慢慢收敛微笑，表示你的谈兴不大了；或频频看表，暗示对方你还有别的安排；或直截了当地打断对方："很抱歉，我现在有一件急事要做，我们能不能改日再聊？"

在求爱过程中，有良好的沟通愿望，却不一定能达到目的。由于多种因素的影响，沟通常会出现许多障碍。

美国心理学家乔姆斯基认为，语言是在两个层次上产生的：一个是真实的意思，另一个层次是表达这意思的语句。一个意思有多种表达的办法，表达方式的不同可能会影响真实意思的传递。很多语言之外的东西，都是通过身体信号传达的非语言信号。这些非语言信号有以下几种：

1. 象征性体语。例如，点头微笑表示同意，摇头表示反对，竖拇指表示赞赏，耸肩摊手扭脑袋表示无可奈何或事情办糟了，蹙额皱眉表示对某句话不理解。避而远之或发出"啊——嗬"的声音表示不想同别人打交道。希望回避某些问题，或希望取得某些效果时使用象征性体语常能取得意想不到的特殊心理效果，同时还能表现你的随和、幽默和风趣。

2. 调节性体语。这种体语包括点头、眼动作等。讲话的人通过这些动作，告诉听话人何时保持安静、何时可以插话等。而听话人也可以通过这些动作表达请讲话人继续、加快、重复或允许插话等意思。

3. 说明性体语。伴随语言出现，用来对语言表达的思想进行补充和润色。

说"我饿了"，会不自觉地按一下肚子；说"我快冻死了"，

◎ 夫妻间的缠绵爱语

会脖子下缩，双臂紧抱。

　　善于使用这种体语的人显得风趣、活泼、开朗，不善于使用的人，显得机械、呆板、老成。

　　4. 表露性体语。通过面部表情的流露而进行的沟通形式。

　　苏格拉底说："高贵和尊严、自卑和好强、精明和机敏，傲慢和粗俗，都能从静止或者运动的面部表情和身体姿势上反映出来。"确实如此。我们在求爱时，可以通过对对方表情的识别来探究其内心。"出门看天色，进门看脸色"正是说的这个道理，我们对对方的内心世界进行识别后，便可以作出相应的反应了。

专家指出，在求爱过程中，研究体语并运用体语对于正确了解对方的意图，恰当地阐明自己的反馈，对双方形成一个心与心的无障碍交流，有很大的帮助。

## 第六章

环境与内心——

# 空间营造的调情氛围

## ≈ 每个人都有自己的个人空间

所谓个人空间，是指每个人独立存在所需要的一块空间地区。每个人都有自己的个人空间，就像是一个独立王国所具有的疆界一般。通常，人们会以自己的身体区域为中心，周围的一定区域为个人的空间。它就像是包裹在身体外表的大气泡，无论走到哪里，人们都携带着它。

个体的独立空间非常重要，它就像保护自己的一层边界与屏障，防止个人受到各种干扰。一般情况下当不熟悉的人进入他人的个人空间范围内，会给对方造成心理上的不适。因此，在恋爱之初期，合理地把握交往距离，是尤为重要的，这直接会影响到你在对方心里留下的印象得分。

不过，这个专属空间的大小，对每个人来说都不相同，它取决于人们的生活环境和文化背景。在成长的过程中，如果个人的生长环境中人口密集度小，则个人空间就大；反之则较小。同样，在不同的文化背景下，有的国家偏爱开阔的个人空间，有的国家则喜欢拥挤热闹的氛围。

无论个人空间大小，周围的空间对人们的生活和交往都有着较重要的干预和影响。这一点，在美国相关专家的研究中得到验证，据研究发现，随着人们与他人关系的不同，从公共领域到身体领域被批准进入的人数逐渐减少，私密性质增加。

在交往中，人与人之间保持安全的前提是距离，它对每个人的生活都有很大影响，而通过身体语言的解读，人们将会对距离产生更深刻的理解。

我们经常会发现这样一种人，他们是会随时与人保持亲密的人。这种人的底线是很低的，与朋友和亲人之间的距离非常小，而与陌生人之间的距离稍大。这种人在对待亲人朋友和陌生人的时候态度是迥异的。对于亲人朋友，他们可以无限纵容，即使是有些小小的冒犯，他们也会一笑置之，不会太过在意。而对于陌生人，如果贸然闯入他们的空间，他们就会变得很警惕。或许在得到一个正当理由后选择谅解，但是不会允许被再次侵犯。他们也有可能直接选择警告，表示他们的防卫心理，这种防卫不给人一丝商量的余地。因此，这种人在他人的眼中是一个很有原则的人，而且立场十分坚定。

另一种人就是随时随地留出私人空间的人。这种人很冷静，即使是对自己很亲密的朋友也会表现得有一些冷淡。他们会表现得尊重别人，给予对方足够的空间感，足够的自由感。这种人很独立，认为太过亲密的关系反而会伤害到双方。因此，这样的人性格会有一些孤僻。随时保持距离还意味着他们的心中有强烈的自我防卫意识，是不信任别人的一种表现。这很可能与他们的成长环境有关，因为缺少关爱，缺少亲情的环境，会让人内心产生不信任感。但是，这种人虽然表面上看有一些冷漠和缺乏人情，实际上他们心底还是渴望与人交流，渴望拥有更亲密关系的，只是他们不知道如何表达而已。

因此，我们在恋爱中，应当根据每个人的具体情况的不同，采取不同的策略，合理地把握彼此之间的距离与分寸，这样才能避免不必要的尴尬。在彼此慢慢熟悉以后，逐步推进，这样更容易俘获对方的心。

## ～ 逾越对方的个人空间，足以把爱情扼杀

每一种动物都会或多或少地具有领地意识，我们人类也不例外，但这种意识已经不像动物表现得那样直接，而是换了一种表现形式。

当一个人的个人空间或个人领土受到侵犯时，他们的反应极为强烈，情绪也可能变得更坏。

身体语言学专家发现，每个人都有一种心理上的警觉，即人的"势力范围"感觉。每一个人以自我为中心，并向四周扩张，形成一个蛋形的心理防御空间，一旦其他人侵入，就会引起他（她）的紧张、警戒和反抗。一个被惹怒的人往往会这样说："滚开""离我远点"或"不要让我再看到你"，这些表达愤怒的语言其实都表述的是一个含义：请与我保持距离，不要进入我的空间。

恰当的空间距离，是塑造良好气氛的一个必要因素。夫妻之间、父母和子女之间的关系最为亲密，所以他们之间的心理距离能缩小到零，可以产生紧密接触。距离由远及近依次是：为陌生人设定的距离、为一般朋友设定的距离、为熟人设定的距离、为莫逆之交设定的距离和为亲密的人设定的距离。

每个人与人交往，都希望有一定的安全感并下意识地保护自

己的隐私，所以，为了得到这种安全感，人们总是会不自觉地与人保持一定的距离，这样才能在心理上感觉到自己的独立。很多人会有这样的经历：在去餐厅就餐的时候，如果身边靠得很近的是一个陌生人的话，会觉得不舒服，不自在，甚至有些反感。有些人为了避免这样，通常会想出各种办法，或者将包放在旁边的椅子上，或者直接避开与人相邻。在乘坐电梯或者挤公交的时候，当身边人太多，到了人挤人的地步时，许多人会觉得很不舒服，很反感，想要尽量避免这种身体上的碰触。这些情况，都是被人侵犯了私人领域的感觉。在某种程度上来说，这个时候，人们已经开始有些焦虑和压抑了。

心理学家认为，每个人都是需要一定自我空间的，这种空间跟人们的年龄、收入、社会地位等因素联系都不大。研究表明，男性对私人空间的渴望比女性更为明显。不管是男性还是女性，一旦缺少了私人空间，他们就会感到无助与焦虑，甚至影响到工作和生活的状态。这种情况在陌生人之间是尤为明显的。专家指出，从两个人的空间距离感可以看出两个人关系的亲密度。比如两个陌生人在一起的时候，双方都会给自己留出足够的空间，以保证自己的安全感。而一旦两人开始认识，空间距离会明显缩小。关系越亲近，两人的空间距离会越小，比如情侣之间的手拉手和相拥，都是空间距离随着关系亲密度的改变而改变的。

研究人员发现：许多有着极端行为的犯罪嫌疑人都是对空间要求非常强烈的人。一旦有人贸然地闯入了他们的私密空间，他们往往会采取一些行动。这些行动在开始的时候可能是温和的避让和提醒，但如果情况得不到改善，很可能酿成犯罪。

美国科罗拉多州曾发生过一个让人难以置信的凶案。犯罪分子是当地一所大学的学生，他在一个夜晚无情地杀害了和自己相处三年的女友。

他的所有老师听到他与一桩凶杀案有关的时候，都表现得很震惊。办案人员调查取证的时候也发现，对这名学生的行为，不仅各个任课老师表示不可思议，甚至是听到过他名字的同学，都认为肯定是弄错了。在老师和同学的眼中，这名学生学识渊博，甚至让许多老师都觉得自愧不如，而且他为人温文尔雅，性格温和，跟他相处过的人对他都有着极为良好的印象。办案人员在接收到这些信息之后，觉得这名学生肯定是有难言之隐。

于是，办案人员对这名学生进行了一次又一次的审讯，但是这名学生都没有说太多的话，只承认是自己杀害了女友，并且愿为此接受法律的制裁。对此办案人员也没有办法，直到有一次，在对这名学生进行审讯的时候发现只要向他靠近一点，他必定会往后后退一点，始终与他人保持着一定距离。而当办案人员再次有意识地去靠近他的时候，他开始表现得有些焦躁不安，好像自己被人侵犯了一样。办案人员很快意识到，这名学生有着强烈的空间距离感。于是他们对这名学生制造了一定的压迫感，让这名学生在强烈的焦虑之下回答问题。果然，这名学生开始有些焦躁，对于办案人员提出的问题没有先前那样沉静，而是显得有些暴躁，似乎是受到了什么威胁，最后终于坦白了他杀害女友的原因。原来，他的女友因他无法满足她的物质需求，一而再再而三地对他进行言语攻击，且在吵架的时候不停地往他身上指指点点。不管是什么时候，只要当她觉得自己需要他的陪伴了，就会不管不顾地闯进他的宿舍，然后让他陪自己做这做那。这名学生开始的时候还能温和地安慰女友，到后来实在无法忍受，便提出了分手。可是没想到女友不但没有接受分手的提议，反而变本加厉地对他进行指责，甚至是在他的朋友面前给他难看，让他无法下台。终于在又一次吵架之后，这名学生控制不住自己的情绪，将女友杀害了。

一个原本前程美好的学生，就因为私人空间的被过度侵犯而毁了。在交代了犯罪过程之后，这名学生反复地强调女友太过分了，让他感觉自己不断地被冒犯，而且自己的底线已经被触碰了一次又一次。心理学家对此深表遗憾。分析指出，这种情况是由于这名学生内心压抑过度而产生的，如果他的女友有所收敛，或者是这名学生懂得排解这种焦虑，或许这个意外就不会发生了。

所以，在男女初始交往中，保持一定的距离是必不可少的。过分地亲近，很大程度上也是一种咄咄逼人的态度，这会让人产生反感。

不同的人心理开放程度不同，对于距离的远近的划定也有所不同，该如何判断自己是否越过对方划定的心理距离呢？如果你发现对方尽量保持一定的固定姿势，防止碰到你的身体，如果不小心发生触碰，会立即移开。那么就意味着你进入了不属于你的距离范围。这就是在拥挤的公交车或者是电梯上我们感觉非常不舒服的原因，不仅仅因为混浊的空气、不断的晃动，更重要的是我们在这些地方，自己内心深处为陌生人划定的安全范围完全被破坏。在这种场合，我们要注意一条重要准则——和陌生人相处在本该是为亲密的人设定的范围内时，一定要尽量缩短目视对方的时间，而且尽量不要传递与对方无关的信息。

在人际交往的过程中，我们要时刻提醒自己，每个人都有自己的私人空间。虽然由于个体的差异，每个人对私人空间的大小定义有所不同，但是不管如何，当你侵入别人的私人空间的时候，所有人都会觉得不自在，而且对你产生防御心理。所以，我们在求爱过程中，要注意，不要贸然侵入他人的私人空间。日常交往中，入侵个人空间的事情大致可以归纳为以下几类：

1. 目光的进犯。

目光在交往中具有很强的沟通能力，但其侵犯能力同样不可小视。无论距离远近，有一个人一直盯着你看，任何人都会感到芒刺在背，因为对方在用目光观察你的身体。所以，当你们处在亲密距离中，切勿一直盯着对方看。

2. 声音的侵犯。

声音侵犯是指对个人空间的有声侵犯。一般是用响亮的声音、手机铃声和其他声音来侵犯。

3. 高度的进犯。

生活中，当一对情侣发生争辩时，一个人站起来，手叉着腰，向对方倾斜，则侵犯了对方的个人高度空间，扩大了自己的身体范围，从而抑制了对方站起来的趋势，利用居高临下的气势压住对方。这样的身体语言会激化两个人之间的矛盾。

众所周知，自然界里，当动物遇到入侵者时，会耸起肩膀或竖起毛发，尽量膨大身躯来吓唬对方。如果对方过于强大，它又会收缩身子，蜷曲成球，采取防御措施。

那么，一个人在个人空间受到侵犯时会有什么反应？西方的学者曾做过相关的实验，他们发现，当人看到或感到自己的空间被侵犯时，往往会发出焦虑的信号，并会通过增加身体或心理的距离来减弱这种感受。

除以个人空间存在为前提外，调查结果显示，在近距离，人们更愿意靠近物体，而不是人。因为环境中人的存在，让人们为失去了独自的空间而焦虑。而且测试对象对来自后面的入侵最敏感。这是由于人对不确知的、看不见的东西往往有恐惧感。此外，外人的存在，不仅是侵入空间的问题，同时也影响了我们对周围空间的安全感。

人们又会如何对待他人的入侵呢？西方学者做过的一个经典实验表明，个人空间被侵入后，人们大多会做出一定的反应。实验选择的场所在图书馆，以多个独自一人坐在一张书桌前的读者

◎ 手叉着腰，向对方倾斜的高度进犯

为测试对象。在实验过程中，入侵者以不同的方式侵犯测试对象的个人空间，结果发现，接受测试的人，多会在自己与入侵者之间建立一个屏障，即利用手中的书、资料把侵入者隔绝在外，做出若无其事的样子，让自己恢复到平静状态。不过，也有个别人会警告入侵者离开或增加距离和发出生气的信号，若对方仍无反应，则可能会选择放弃或走开。

尊重他人的个人空间是交往中特别要重视的一部分，在现实生活中，情侣之间因为猜忌偷看对方手机的事件比比皆是。这无疑是不利于恋爱关系长久稳定的。因此，无论是在恋爱中还是在日常与其他人的交往中，保持人与人之间合理的个人空间，会让对方感受到尊重和自在。反之，不合适的过分亲近则会使对方感到焦躁不安。

## ≈ 留心约会吃饭的细节

如今，情侣们约会时少不了要一起用餐，然后才有力气继续卿卿我我。所以，想要关系有进一步的发展，吃饭的细节需要重视。毕竟饭桌上，有不同的饮食习惯、饮食禁忌、饮食偏好等。有时候，一桌宴席，甚至可以影响一个人的一生。恋爱专家认为，从一个人选择的吃饭地点，就能对此人的性格有大致的了解。

在餐桌之上，通过点菜也可以在一定程度上看出人的性格。著名台湾作家三毛说过："如果爱情不落实到穿衣、吃饭、数钱、睡觉这些实实在在的生活中去，是不容易天长地久的。"

从一场饭局，就能判断你们的爱情长久不长久，因为点菜、吃饭这些细节就可以看出一个人的修养和品行。

首先，不问对方想吃些什么，就去自己想去的地方吃。

一般来说这样的男人就属于比较大男子主义，觉得女方就该听他安排，而且不会考虑别人的感

◎ 选择的菜肴显示性格

受，觉得自己吃得开心就好。总之，在他心里女性的地位比较低，自己往往会独断专行。

其次，自己喜欢吃一样东西就把那样东西吃光，不顾及对方想不想吃。

约翰就是这样，每次和自己女朋友吃饭时，女朋友还没吃几口，自己就把菜吃光了，也不会问女朋友还想不想吃。后果可想而知，不久女朋友就和分手了，并不是因为吃饭，而是因为她男朋友又自私又小气，不思进取还花她的钱。其实一开始两个人相处的时候，从吃饭这个细节就可以看出来，这种男人就是很自私自利，不会替别人着想，而且是很小气的人。

相信大多数的男人吃饭应该都很快速。也有的男人吃饭很讲究，讲究食材、讲究吃法，而且吃得也很慢。这样的男人通常为人细致、有耐心有教养，生活品质很高。

男人和女人吃饭的正确示范指导：

第一，要主动问女方喜欢吃什么，并挑一家环境比较好的地方去吃；

第二，吃饭之前要问女方能吃什么不能吃什么，把女方的碗筷给做二次清洁；

第三，在吃饭过程中要善于观察，看对方喜欢吃什么，并问她还要不要再点一份。

第四，要注意细节，在对方需要的时候及时递纸巾。

第五，主动去埋单。

## ≋ 打破"身体领地"的界限

前面我们已经讲过，在和其他人交往的时候，我们需要注意不要侵入别人的身体领地，这是一种礼貌的表现。但是凡事都具有两面性，军事上有句话叫作"出其不意"，有时候适当打破"身体领地"的界限，侵入对方的"身体领地"，反而会在人际交往中起到奇妙的效果。

如果你在和某个人交往的过程中，一直注意与他保持一定的距离，时刻注意自己不要侵入对方的"身体领地"，那么你们的关系的发展也许会遭遇瓶颈。虽然你的行为让他感到舒服，觉得你温文尔雅，很有礼貌。但是你始终无法和他发展进一步的关系，仅仅是他的普通朋友中的一个。

其实，随着你与他交往时间的增加，你需要有意识地进入对方的身体领地，让他逐渐地接纳你。只有你和他的身体空间逐渐缩小，你与他的关系才能取得突破。

这样的例子在生活中比比皆是：

一位男士在向朋友诉说："我原来和自己心仪的女士在一起，虽然大家都很愉快，但是总觉得对方仅仅把我当成一个有教养的普通朋友。令我百思不得其解的是，一次偶尔的打闹之后，无意的身体接触反倒让我们的关系取得了很大的进展。"

每次见面都和朋友握手，那么你们也许永远都只是点头之交，但是偶尔的搭肩膀等侵入对方身体空间的动作反倒能让你们突然变得亲密起来。

这些事例都说明，要想在社会交往中与对方建立更进一步的关系，就不要总是在对方的身体领地之外徘徊。在前面我们已经知道，我们会为不同关系的人设置不同的身体领地空间，最外围是为陌生人准备的，然后依次向里是一般朋友、熟人、莫逆之交和亲密无间的人。如果我们一直在陌生人的这个位置滞留，那么我们永远无法取得关系上的突破。

当然，不论你创设了一个多么浪漫的氛围，也不论你的伴侣多么优雅，想要成功地进入对方的空间中，你首先要明白无形的个人空间的重要性。我们的身体所占据的空间和它希望的空间并没有明显的界限，就像瑞士画家阿伯特·贾科梅蒂的作画风格那样，画中的人物身体似乎都融入了周围的画布里。所以，这里所说的个人空间已经不是身体占据的区域，还包括它所辐射的更大范围。在这个范围内，我们塞满了不同的感情期望，而且只欢迎那些我们相信的人。

人类这种空间需求其实和动物的领土划分有着紧密的联系。

同一个物种的动物都会给自己标记出领地，这些领地既相互连接，又不会重叠。在 19 世纪末和 20 世纪初，关于动物行为和领地的调查开始了。等到了 20 世纪中期，爱德华·霍尔把调查对象转到了人类身上。他的著作《安静的语言》中，把人类的这种行为称为空间关系学。而如今，书中关于爱情的部分就是情侣之间的空间问题。

根据霍尔的研究，我们的身体周围空间就是一个无形的密封装置，这个无形、无色、无味的保护套被称为个人空间。形状类似熟鸡蛋那种同心层，每一层都被我们预设了不同亲密度要求。最里面的是亲密层，距离为 0 到 45 厘米；往外是个人层，距离为 45 厘米到 1.2 米；再往外是社会层，距离是 1.2 到 3 米；最外面是公共层，也就是 3.6 米开外。

霍尔同时也发现，不同的文化背景下，人类对于这四个区域的距离定义也是有差异的。在求爱开始，法国和意大利的男女要比同是西方国家的美国、英国、德国靠得更近。不同的社会和文化背景下，个人空间都有所不同。但总而言之，最亲近的区域只会对好朋友、家人和伴侣开放。所以，我们在挤公交车的时候，没有人会欢喜地接受一个陌生人与我们贴在一起，除非那个人是个色狼或者有特殊癖好。

研究人员在调查中也发现，当陌生人靠近时，很多人会普遍产生一种中高度的防御意识。具体表现就是把头撇开或者身体转向一边，同时手掌心会出汗。出现这样的反应，就是因为对方那种直接的、正面的接近所带来的陌生焦虑和压迫感。

如此，便有了一个很重要的疑问。在求爱中，我们该如何接近那个心仪的陌生人而不让对方反感？心理学家指出，女人从侧面靠近男人，不会让对方觉得被侵犯。而男人要想接近女人，最好是从正面。

选择绕过正面的空间，迂回前进，这种方法军事上叫作迂回战术，哲学上就是间接靠近。在求爱中，这种侧面的接近是一种行之有效的做法，可以降低陌生焦虑。因此，它又被称作"谦虚的前进"。研究证明，女人从侧面靠近男性时，男人不会感到被侵犯。所以，迂回是男人喜欢的一种方式。

更细致地讲，迂回接近也是有方向选择的。从右侧靠近，会比从左侧更有效。因为男人的右侧是由理性的左脑控制的，而这一边并没有左边身体的感情丰富。所以，从右边接近比起从左边更不容易引起警觉。当然，还有一个原因就是，大部分人是右撇子，身体右边没左边敏感。

反过来说接近女人。研究表明，男人应该从正面靠近女性。因为她可以在此过程中注意到你的存在，从而不会受到突然出现的惊吓。但需要注意的是，接近的距离必须要把握好，切不可随意进入女人脸蛋这个最亲密的区域。一般来说，女人可以容忍同性靠得很近，却不会允许陌生异性那么做。当有陌生异性进入这个距离内，她会表现出明显的防御信号。比如嘴巴紧闭、肩膀僵硬、扭头。而男人最好能站在女人的一臂距离之外，这样女人会认为是安全的，毕竟想要进一步地触摸她，男人必须要再向前一点。否则，女人很有可能会翩翩飞走。

同样，对于亲密区域遭到入侵，男女的反应也不相同。男人觉得面带笑容凝视别处的女人很亲密，而女人则觉得笑着凝视自己的男人更好接近。当男人觉得女性过度亲密时，会立即发出令其止步的恼怒信号，比如紧闭嘴唇或者后退。而女人就不会这样，她们通常选择隐忍，也因此要承受煎熬。如此一来，女人通常会发出明确的邀请信号来欢迎男人的接近，这些信号就是前文中提到的微笑、歪头、点头和眯眼。

生活中，两性的空间差异也体现得淋漓尽致。在酒吧或者餐厅里，男人通常要直接坐在女人的对面，这个位置要比坐在她的旁边要友善得多。而对于男人来说，女人最好是坐在他的身边，这样他才能放松下来。当然，这必须要怪男人，毕竟是男人总是关注女人最有魅力的部位才导致的。不过，爱情就是那样，没有道理可言。谁掌握了正确处理空间的方法，就能随心所欲地相处。

人类学家马克·奈普说过："一般而言，三个座位是调情的最远距离。"现实也的确如此，在酒吧和夜总会里，谈话的概率是随着两人的距离变化的，人们不会愿意隔着四个及以上的座位交谈。所以，对约会的男女来说，若是房间够大，就应该空出一个位子的距离。另外，马克还发现，在爱情中更改位子是行之有效的做法。但唐突地快速接近女人是不明智的，因为女人还没有做好接受的准备。另外，突然接近还意味着逼迫女性离开。所以，狮子在求偶时不会猛地冲上去，那样看起来就像在捕食。它们会慢慢靠近，直到情投意合。

## ≈ 不要进犯对方的交往距离

人们每天都要和他人交往，在这个过程中，保持距离、保证个人空间不受干扰就显得尤为重要。在现实中，个人空间就体现在与他人相处时的距离上，根据距离的不同，表示双方的关系不同。

1. 亲密距离。

这个交际距离若经过量化大致是 0 ～ 45 厘米。由于这种距离会引起人们之间的身体接触，所以通常只在极亲密的人之间使用，如情侣、父母等。其他人若进入这个区域或碰触自己的身体，将会产生被侵犯的感觉。例如，被医生触摸身体，在公车上人与人之间的碰撞等。

2. 私人距离。

在非正式的交谈，如和友人聚会、亲朋聚餐时，人们会保持此距离，大约为 45 厘米 ～ 120 厘米。通常这种距离在熟悉的人之间使用，显得双方既亲切又不过分亲密。

3. 社交距离。

在与陌生人打交道时，例如，在社会交谈和商贸谈判中，人们会使用这个距离，经过量化是 1.2 米 ～ 3.6 米（普通的商务活动和业务洽谈等不属于这个范围）。这一距离既能促进双方交谈，又不会有侵犯和极不礼貌的嫌疑。

4. 公共距离。

当我们需要在众人面前演讲或发言时，使用的基本是这个距离，大约为 3.6 米以上。所以，它主要适合于和一大批人打交道的时候。在这一距离疏远的情况下，演讲者或发言者才会感到舒服，有畅所欲言的愿望。

人与人之间需要保持一定的交往距离。任何一个人都需要在自己的周围有一个自己把握的自我空间，它就像一个无形的"气泡"一样为自己"割据"了一定的"领域"。而当这个自我空间被人触犯就会感到不舒服，不安全，甚至恼怒起来。

求爱的过程中，到底你们之间需要多少交往距离，情况千差万别，但每一个人出于"防御""防卫"本能而在心理上限定的空间感觉必然外化为自己与他人之间的一种物理距离。即使再拥挤，也不能没有距离。

人际吸引和我们允许他人强行进入我们的个人空间的多少相关。总的来说，我们越喜欢一个人，我们就允许那人离得越近。一个人的自我空间只允许心理接纳的人来分享，如家庭成员、恋人、朋友。空间距离的接受与心理接纳水平成正比关系。心理接纳水平越高，能与人分享的自我空间也越多，对空间距离的容忍度也越高。如果单位空间内人员密度低，一个人的自我空间被没有得到认同的人闯入，就会产生很大的心理压力，并伴随有强烈的焦急难耐、烦躁不安的情绪体验，由此迫使人们调整自己与别人的空间距离。

我们在求爱的过程中，会想要侵入对方的身体领地，但是这是一个循序渐进的过程，同时也要注意技巧和方法，不要刚刚见面就试图实行。我们只有在有一定把握的时候，才能试探性地进入。

如果对方表现出反感，就要马上停止。

和一般的普通朋友交谈时，最好不要去触碰身体。假如对方先发制人，开始触摸背部、手臂和肩膀，那就表示他已经心不在焉，所以你要适时说再见。当你们的关系还不是足够亲密时，最好不要妄想用身体接触来展现热情。不请自来的轻抚、推搡和触碰，都是严重侵犯个人空间的行为，所以在求爱中最好禁止。

注意对方表现出来的拒绝信号。比如，他突然地转头、闭上嘴巴、手臂交叉、转身和后退，都表示你已经让他感觉不自在。

◎ 亲密距离

如果对方后退，那么你最好识相地不要再靠近，这是他在要求空间距离。

男人应该坐在女人的对面，这样女人才能放松下来。因为女人觉得只有坐在她对面的男人才能全面注意到自己的脸蛋和发型还有衣着，所以才能俘获男人的心。

女人应该坐在男人的旁边。因为相比而言，男人不善言辞，而且更缺乏肢体语言。因此，一个坐在他对面的女人，会让他很自卑。折中的办法是，女人要先坐在男人的身旁，再慢慢移动到男人的对面。

正常情况下，交谈要把手放在对方的眼皮底下，这样可以让对方安心。莽撞地伸手进入对方的亲密区域，会逼迫对方开始退却。这些特定的亲密部位包括脸蛋、鼻子和眼睛等。

太高、太胖或者大嗓门和色彩滥俗都给人一种咄咄逼人的感觉，所以泼妇骂街时最经典的造型就是这样。但如果这些特征出现在你身上，你就需要保持更远的距离来抵消负面印象，当然在挤公交车时这是个优势。而如果你比较矮小、声音温柔或者穿着浅色衣服，那就要站得近一点。而这种造型就是小鸟依人。

不要做个想当然的亲密人，那只会让你惹人嫌。通常，男人会更不识趣地变成这样的人，因为他们不够细腻，体察不到空间距离。而如果有个陌生人的脸离我们在 45 厘米之内，我们就会觉得不舒服，因为他的脸就像进入我们的亲密空间内了。

## ≈ 最合适的求爱地点助你赢得芳心

求爱地点在求爱中占据了影响全局的作用，不管你信与不信，它自始至终都参与了。我们开始见面时要选在酒吧或者餐厅，聊天时还会配合着音乐和情景，调情时不会选在人声鼎沸的大街，做爱也不可能跑到荒郊野外。我们也乐于选择或者创造一种浪漫的氛围，比如选在一个高级餐厅约会，店里的玫瑰花香和高级亚麻布反射的柔和灯光都令你心旷神怡，坐在靠窗的位子上，凝视着外面的万家灯火，听者悠扬的萨克斯曲，你会感叹这个夜晚实在美妙。又比如你和伴侣在一个海岛上度假，阳光沙滩里你躲在遮阳伞下小憩，即使睡不着，戴着太阳镜的你望着远处的水天一色也想到了地老天荒。环境的作用这么明显，所以爱情的浪漫必须要依靠它。

人类学家爱德华·霍尔就认为"环境会说话"。求爱的地点其实就像是化学里的催化剂，可以加速或者遏制爱情的发展。可能不同的人对于爱情有着不同的情结，但只要选对了环境，一样可以决定爱情的进展。所以，玫瑰花是爱情的首选，可一处惬意的咖啡馆也能取而代之；钢琴曲行云流水，而音乐会更加热情洋溢。

由此就要说到环境中的一个因素，声音了。不论是纽约的百老汇还是中国的民间舞台，不论是奥地利的音乐大厅还是非洲的篝火晚会，音乐创造的氛围总是能提供一个谈情说爱的好去处。而有一个研究表明，摇滚音乐的跃动旋律可以让人看起来更美。在这个研究中，研究者发现女性在听摇滚乐时，会认为照片里的男性更吸引人。而当音乐停下来时，或者是听到爵士音乐，她们就会丢下一句"不过如此"。

美国人自己总结了最适合求爱的几个城市。迈阿密适合约会，新奥尔良容易艳遇，旧金山很有情调，夏威夷是漫步的天堂。我们中国自然也有不少爱情的代表城市，丽江的风流、凤凰的超脱都在近些年吵得沸沸扬扬。在此不谈孰优孰劣，孰是孰非，只是想要引出一个观点，即爱情为什么总是偏爱自然？

诗词里不缺海枯石烂,海南三亚也因一个景点人人向往。为什么形容爱情的久远要有海和石,又为什么少女们忘不了法国普罗旺斯的薰衣草,情侣们想要在意大利威尼斯的桥下一吻定情,希腊的爱琴海又是无数人梦想的爱情天堂?除去广告的影响,答案只有一个,自然是爱的催化剂。

　　所以,城市不是爱情的最佳触发地。那么多的广告牌、海报和音响刺激,让我们对别人的行为和语言反应迟钝。铺天盖地的文字充斥着情侣的二人空间,让他们对各自脸蛋、姿势和身体的细节不能注意。

　　在大自然中谈情说爱,是最好的选择。我们的祖先在远古时期,一直住在蛮荒世界中,包括他们恋爱的时光。人类对蓝天碧水有一种天然的喜爱,进入自然,我们就能处于极大的放松状态。所以,风花雪月、绿水高山、蓝天碧海都与爱情有莫名的关系。而实验表明,蓝、黄、绿是人们感觉最舒适的颜色。

　　酒吧是最理想的第一次身体接触的场所,无论是你递给对方一支烟,帮她穿上外套,还是彼此碰杯,甚至在舞池中跳舞,都给了你一个合适的第一次接触的机会。

　　天黑之后,他们吃喝玩乐,尽情享受爱情带来的欢愉。时光倒流,回到远古时期,我们的祖先其实也是同样的做法。夜幕降临,他们围坐在火堆旁,一边感受火光带来的安全感、舒适感,一边感受着夜色的神秘之美。人对火的喜爱是天生的,把火当成是一种恩赐,所以普罗米修斯要代人受罪。对于求爱,火一样能让那并不熟悉的情侣感到下意识的宽慰,平复紧张的心情。

正是这种潜在的"火"才能解释为什么人类喜欢金黄色。黄色位于可见光谱的暖色调末端，意味着光明、快乐和放松。于是乎，如今的广告就利用黄色的视觉效果来暗示成功和前卫，用黄色的钱包看起来更鼓，在高档的餐厅里用黄色作为主色调，装点锃亮的黄铜，让我们能放心用餐。情侣在这样的环境下也更容易走进双方的内心。

再回到今天，实际上不论夜总会是否有火，它都能让人拥有远古时代的感觉。漆黑的房间会让人感到平静，而灯火交织其中，还会让人容易敞开心扉。当我们迈入一间灯火辉煌的教堂中，虔诚的感觉油然而生。一间灯光柔和的房子之所以能让人敞开心扉，是由于光芒充满的房间，会把空间拉大，使得两个人的距离看起来更遥远。为了寻求保护和共同点，两个人就必须靠得更近点。但在黑暗中，个人空间变小，脸蛋也就靠得更近。所以，随着灯光变暗，亲密感会增加。

夜总会的水晶球，会用它那闪烁的颜色，让脸蛋看起来更加年轻柔美。而迷离的灯光，会产生一种催眠的效果，眼神在这种情况下也更容易交流。

当然，一个共同的概念也会拉近心灵的距离。就像是情侣两人共听一首歌一样，共同的感觉让彼此吸引。所以，迪斯尼主题公园的成功就是因为这个。从20世纪50年代开始，迪斯尼在加利福尼亚出现了主题的概念，创造了维多利亚风格的建筑。以快乐为主题，它把房屋缩小，刨除了讨厌的霓虹灯，让人们感觉自己变大了，仿佛进入了一个童话王国。而这个王国是所有人一直都梦想的世外桃源，在这里一切都是美好。

　　与迪斯尼类似，许多成功的餐厅都是主题餐厅，而许多酒吧也拥有自己的主题。徜徉在某个新奇的主题餐厅里，你会自觉地融入那种特定的氛围中，感觉来到了某个古代的城市或是某个特别的国度。时光像是回到了黄金年代，你远离了身边的压力和烦恼，和伴侣一起品尝爱情的甜蜜。

　　在求爱中，你越多地掌握空间交流的方式，就能越好地把握爱情的走向。你的坐立行走、环境的颜色、灯光的效果、屋子的构造都是空间里的重要方面，而这些内容会极大影响你的个人魅力。下面的章节，我们就要把注意力集中到更加神奇的内容上，化学物质的奇妙作用。

## 第七章

爱情的味道——

# 神奇的化学物质刺激

## ≋ 体香是最微妙的信息反映

嗅觉是我们人类最为保守、最迷人和最可靠的感觉。嗅觉器官位于皮肤的表面和鼻腔嗅觉皮肤细胞内，是身体最外面的一层。从 5 亿年前的低等鱼类到如今高度进化的人类，嗅觉受体几乎没有什么变化。嗅觉作为一种早期的警觉体系，它可以用来检测远处的捕食者、食物和配偶的信息。所以，狗大都用鼻子来判断信息，而经验丰富的猎人不会在上风追踪猎物。我们的大脑会认真对待气味，并且相信嗅觉的判断。比如，一旦闻到了烟味，我们就会想起火。

进化让我们人类的鼻子不像以往那么灵敏，可我们仍旧能辨别一万种自然或是人工的气味。所以说，气味是我们最古老的非语言感觉。人类在还没成为婴儿时就已经拥有嗅觉的能力，因为精子就有一种化学物质传感器，可以根据气味准确找到卵子的位置。

在电影《感官五重奏》里，清洁工罗伯让他昔日的情人站成一排，然后用鼻子挨个闻她们，"如果以前的情人依旧爱我，我是可以闻到的。"电影情节或许有些夸张，但爱情可以用鼻子决定是有理论依据的。在莎士比亚时代，适龄女子常常会在腋下放一块削了皮的苹果，混合了自己的体味给意中人吃，如果对方喜欢这种气味，两人便有可能成其好事。

所有的脊椎动物都可以非常容易传送和接受气味信号，人作为高等的脊椎动物自然不例外。在求爱中，掌握气味的作用一定可以居高临下。当我们拥着舞伴翩翩起舞时，因为有了身体的亲密接触，所以体香就不要太浓烈或是一点没有。当然，必须注意的是腋臭。人类的体香是主要通过腋下的顶泌腺产生的刺激性气味，脸蛋、头皮、耳朵、眼皮和性器官也能散发一定的体香。过于浓烈的体香是令人厌恶的，那会让人有种受到推搡的感觉。而适当的体香是微妙的，可以激起性欲。

美国佛罗里达州立大学的一项研究显也显示，女人若想吸引异性，就不应该喷香水，因为最诱惑男人鼻子的，是女性与生俱来的体香。

研究过程中，女性受试者首先被要求连着3天穿同一件衬衣睡觉。其中，有些女性不可以洗澡、喷香水或抹化妆品。随后，研究人员会向男性受试者提供这些衬衣，要求他们闻一下味道，并按照"喜欢"的等级，给这些衬衣评分。研究人员还会测量其雄激素水平。

结果显示，受试男性最喜欢带有自然体香的衬衣，这从他们升高的雄激素水平也能看出来。而且，女性在排卵期前穿过的衬衣，获得了最高的评分。这和生物繁衍的本性相关联。"我们可以推断，美貌与否不是重点，体香才是迷人之处。人们应该闭上眼睛，用鼻子去寻找爱人。"研究人员说。

20世纪法国哲学家加斯顿·巴克拉德说过，香气是固体穿越空气的运行记录，是为什么很多人往往一闻到自己最爱吃的饭菜，就能想起妈妈；是两个最终没能在一起生活的情侣，几十年不见面，但仍熟悉对方的身体。

人类的性激素也能散发出气味，虽然它并不像其他哺乳动物那么强烈。女人的雌性激素是一种淡淡的、甜甜的气味，闻起来非常柔和，最起码是不令人讨厌的，除了极少一部分人会觉得难闻。男人的睾丸素也能散发出甜甜的气味，当然这需要你破除偏见和有耐心。从尿液、麝香鹿、山羊身上都能闻到。

但不管性激素的气味是香，是臭，抑或是无味的，也不管你是否闻过，它的感受器官都根植在大脑的视丘下部，时刻提醒你性别的味道。视丘下部是前脑控制哺乳动物性欲的一小部分，所以气味也能刺激两性。瑞典斯德哥尔摩的哈丁格大学医学院进行的性别鉴定试验表明，雌性激素可以影响男人视丘下部的性反应，可对女人就无效。反过来，睾丸素就会影响女人的视丘下部，可对男人就无效。如此一来，就不理解"异性相吸"这个概念了。

那么，我们必然会有疑问，激素的气味从何而来？生理研究发现，身体最强的性气味是由手臂下面的顶泌腺体散发的。所以，在洗澡之后，我们应该喷那种无味的香水，这样才能让自己的体香完整地印在对方的脑海中。当然，你可能没有多少经验，但多试几次就能把握住分量。

女人比男人敏感，这也体现在气味上。通常，女人对体香要比男人敏感5倍。对男人来说，散发出微量的性激素气味就足够了。尤其是在女人的排卵期，她对男人的气味极度敏感。所以，男人的体香应该非常微妙，最好是一种似有若无的感觉，可以直达女人的视丘下部。可对女人来说，为了让迟钝的男人更容易记住自己，女人就必须加大剂量，这样才能勾起一种无法抑制的野性诱惑。但气味一定不能太过浓烈，否则那只会是特别的"杀虫气雾剂"。

举例来说，有的男人已到中年，处于单身状态，非常渴望找到一个伴侣。此时的他们懂得一些技巧，有的会给自己喷上香水。但通常会因此犯错，因为男人没有女人的鼻子敏感，所以他们的香水喷得太多，导致女人敬而远之。反过来，他自己却莫名其妙，不知道为什么自己的女人缘还是没有改善，而此时周围的女人都已经在暗中尖叫："你的味道太浓烈了，我真的受不了！"

人种的差异在体味上的区别相信很多人深有体会。在此不是探讨这些差异，而是要说，作为黄种人的我们，本身体味就淡，所以香水其实有胜于无。一款好的香水可以帮我们在求爱中招蜂引蝶，若是没有香水也不会影响大局，保持身体洁净，自然地散发出体香就足够了。

体香不是固定不变的，随着年龄的增长，人的味道也一直在变。婴儿的皮肤是被顶泌腺完全覆盖的，所以会散发出所谓的"婴儿香"。逐渐长大以后，顶泌腺就只能集中在腋下、胸腔和腹股沟了。这些区域浓密的毛发会散发出成熟的体香，而这种气味在求爱中非常重要，可以暗示对方自己的性成熟。

顶泌腺在人激动的时候会分泌出一种类似牛奶状的黏稠物质，这种物质经过细菌的降解，会生成一种雄姿酮和有香味脂肪酸。如此散发出来的气味，会刺激我们的性欲。而捕获这些气味的神经器官位于大脑的意识范围之内，所以我们对异性的气味会非常留意。嗅觉神经，又可以称为"鼻子大脑"，是大脑灰质的一个主要部分，就像前文所说的视丘下部一样。它可以在人的摄食和性行为之间起到协调作用。

假如体香太淡，就有可能不会在对方的脑海里留下印象，但一定会或多或少地影响到他的血压、心跳和呼吸。香水是一种人工的体香，以它的独特的气味来改变性激素的气味，让异性对自己回味悠长。

## ≋ 接吻聚着强烈爱意

初吻是令人终生难忘的。许多人都会记得初吻时那种轻微放电的感觉。当两个人眼神交会的一刹那，感觉自然来袭。两人的脸庞慢慢靠拢，内心都是紧张不安，却没有人愿意停下来。呼吸在此时变得急促，嘴唇也会发热。等到鼻子快碰到一起，头部就自然歪向两边，然后嘴唇便碰到一起。这时电流涌过，几乎让人不能呼吸。

开始接吻，一般都是嘴唇的接触，不会有舌头和唾液的参与。初吻通常就是如此，它能刺激我们的脑神经，给人愉悦的享受。但电影中对初吻的表现有些夸张，因为那些没有经验的人只会粗鲁地发泄情感，而不会带给对方快乐的感觉。

在接吻前噘嘴这个动作非常可爱。这就像婴儿在吮吸母乳时一样，外翻的嘴唇会直接流露出喜爱的感觉。最完美的初吻是柔软的、轻轻的、有电流经过的，持续时间通常在3到5秒。因为时间短，所以你必须要闭上双眼，尽情地体会那种忘情的感觉。

毕竟，物以稀为贵，初吻更是只有一次。

尽管在上文中把初吻的过程和必备条件论述了一遍，还是不能确定当情景允许时，对方一定会愿意接吻。女性在逃避接吻时，通常会把头扭开，报以微笑或者调皮的鬼脸来缓解尴尬氛围。此时男性不必泄气，假如能看到面前这个女人闭着嘴微笑，那就可以再尝试一次，说不定就能成功。

至于男人就不用担心了，因为接吻中主动的都是男性，女人是站在那里等待的。若是男人不想吻，你只要选择继续调情就可以，而不会处于尴尬中。

纯粹从生理学的角度来说，接吻就是"两块轮匝肌紧紧地排在一起"，好无美感可言。但看问题不能只从一个角度理解，吻的作用也同样。在爱情中，接吻是交往的中介。当我们把嘴巴压在对方的嘴唇上时，双方能感受到彼此的反应。而且，接吻还会释放多巴胺，所以吻的感觉是美妙的。

对于相当一部分人来说，接吻显得比性爱更亲密。所以，童话里王子唤醒公主，那一吻必然非常销魂。当然，若是你想象力丰富，也可以有更深层的理解。在很多方面，接吻其实比做爱更讲究技巧。接吻的高手知道如何控制肌肉的节奏，以便挑逗对方的欲望；也懂得

◎ 男女接吻

控制呼吸的频率，以便让激情不会中断；当然还有何时紧紧压迫，何时轻轻磨蹭，何时用舌头紧紧勾引。总之，他们会娴熟地应用技巧，让对方仅凭一个吻就爱上他。自然，能够把接吻修炼到出神入化的境地，也必是费了一番苦功的。

接吻是相爱的人们传达他们之间无法言传的情愫的方式，是一种表现在"嘴"上，却凝聚着强烈爱意的形体语言。接吻的方式多种多样。

1. 不同接吻方式表达爱的不同程度。

不论是悠长、舒缓的吻，还是深入、热烈的吻，都能给人们以心灵的震撼与浪漫的感觉。如果你能灵活运用以下几种接吻方式，相信浪漫定然会悄然而至的。

（1）颊之吻。在西方礼仪中，以双颊互相碰触，或是以嘴唇轻轻碰触脸颊的问候方式是相当普遍的。在电视或电影中，常常可以看到各界知名人士特别喜欢在公共场所来个脸颊接吻。除表示礼貌外，也借此公开展示彼此尚有不错的交情。

（2）唇之吻。看过日剧《恶作剧之吻》的人，应该都不会忘记女主角琴子那种一吻定情的特殊感受。电视机前的许多女孩子或许会怀疑地说："太夸张了吧！只有嘴唇不小心碰到而已，哪可能有什么感觉呢？"其实那一刹那电光火石的触感，正是唇之吻的魅力所在。

在两片嘴唇互相摩擦时，不管时间是长是短，那种欲语还休的感觉，有时甚至比甜言蜜语更让人心动。

（3）舌之吻。这种接吻方式就是所谓的法式接吻。在好莱坞电影中，你就可以看到不少舌吻的范本。

善于舌吻的人就像是游戏高手，主动设下圈套，引诱对方加入他的游戏。两人的舌战就是一场原始部落的战舞，看起来像是在挑衅，实际上则是煽风点火般的挑逗。

（4）耳之吻。有些情侣处在热恋时期，总觉得满腔的热情简直没有倾诉完的一天，每天待在一起，只想告诉他自己有多爱他。这时候耳之吻这个小动作就派上用场了。这里提到的耳之吻，并不只是指与男友耳鬓厮磨，而是要你动口动脑双管齐下来攻占恋人的心房。当你在他耳边诉尽千言万语时，保证让他心甘情愿成为你的爱情俘虏。

（5）身之吻。"亲爱的，你的身体会说话。"这句话是实行身体接吻的最高准则。身体语言的催情效用可是不输口头上的甜言蜜语。借着身体的相互碰触，你仿佛是在对方身上留下了专属于自己的痕迹。即使在视线不佳、闲杂人等众多的嘈杂环境中，你和恋人仍然能够感受到对方身上散发出来的无穷魅力。

2.请这样吻我。

男性喜欢接吻时那种双方身心相对的坦诚感觉，但在接吻过程中，他们也有一些小小的"忌讳"。了解男性的接吻习惯，是密切双方关系的最佳途径。

（1）先抹去唇膏。小峰和女友感情一路飙升，几个月工夫就到了谈婚论嫁的地步，但偶尔小峰也会叹叹苦处。"嘴巴上黏腻腻的接吻，"小峰说，"这让人很难受，还有隔靴搔痒的感觉。"所以，接吻前女性最好擦去唇上过厚的唇膏，这个动作能让你的恋人感觉更好。

（2）突然的吻。在电影院里突然吻他一下，或是趁着挤汽车的间隙，趁着父母不留神时突然给他一个热吻，一定会令他惊喜交加、兴奋难耐。与女朋友处于热恋状态的黄晋说："一次我们在家中请朋友吃饭，我女朋友突然喊我到厨房来，说让我帮把手。我一进厨房，她便抱住我热烈地吻了我一下，然后才递给我一碟水果让我端出去招待客人。她的吻来得太突然，简直让我措手不及，所以当时我没能做出什么反应来。可后来，我越回味越高兴，觉得我的女朋友可爱极了。"

（3）十二分专注。"我女朋友喜欢接吻的间隙跟我聊东聊西的，这让人觉得没意思极了""我和女友接吻时，她会突然说起一件与此毫不相干的事情来，特煞风景"。不止一个男性抱怨女朋友的"一心二用"。记住，男性很看重女人对他们那种血气方刚、势不可当的力量的认同，你稍有疏忽他们便会很敏感地觉察出来，同时感到自己的尊严受到伤害，令他们锐气大减。为了能更集中精神地"对付"他，有时不妨把他想象成一个能激发你情欲的人，只是这个秘密永远也不要让他知道。

（4）逐步"升级"。与女性相比，男性更喜欢清楚一件事情起始终结的过程，这也包括接吻。所以，令人欲仙欲醉的热吻在一开始时应该是轻柔抒情的，让你的舌尖轻轻探入，稍后再进一步深入并逐步用力，逐步"升级"。这种做法会令他更享受、更兴奋无比。

（5）小小的挑逗。轻轻地吻他一下，迅速躲开，这种挑逗性行为是很能刺激男性的。不妨好好利用你的舌头搞搞这种小伎俩。宋先生说："当我妻子用这种方式时，我好像是一个被上足了发条的闹钟。"

（6）多花点心思。越是关系非同一般的恋人，越是应该在接吻上多用点心思，多下点功夫。一般而言，视觉效果对男人很重要。你可在与他接吻时，突然挣脱他，直视他一会儿，让他也看着你，看到你的情欲被唤醒的样子，然后舔舔你的唇，再去吻他。

（7）给他点主动。毫无疑问，法式接吻最令人沉醉，所有"行家"对此都表示认同。不过有一点切勿忘记，虽然男人都喜欢有点挑战性，可是你也不可太过于主动，"大权"独揽，完全让他听命于你，否则，他会渐感沮丧直至厌倦的。最好的办法是，别让他觉得你是在"进攻"，而以为你已经"屈服"于他。这对于你来说其实并不难。

（8）轻吟几声。这一点至关重要，男性非常需要被肯定，应该让他充分了解他的亲吻使你有多快活，感觉有多好，因此，不妨轻轻地呻吟几声以鼓舞他的士气。

（9）轻舔耳朵。男人并不认为他们的性感带会在身体的其他部位，但事实并非如此。当你舔他的耳朵或是把舌头伸进他耳朵里的时候，他通常会兴奋得难以自持。如果再附在他的耳边低声地唤他的昵称，会给他带来奇妙无比的感觉。

## ≈ 女人最适合鲜花和水果香味的香水

在古埃及、古印度及中国的古老文化中，都有关于香水的记载。那时的人类开始懂得运用熏香提炼的方式来处理香料，并从美妙的香味中享受无以言表的喜悦。到13世纪英国伊丽莎白女王时期，一瓶加入乙醇的名叫"匈牙利之水"的香水，成为世界上第一瓶香水，再至法国王路易十四时期，香水的使用已成为当时上流社会贵妇人最时尚的宠爱佳品。

香水与女人的关系源远流长。在很早以前，香水曾被颇有地位的女人当作一种工具而备受青睐。美丽的埃及艳后克娄巴特拉每当温柔时刻，总不会忘了在她的船帆上洒满香水，制造梦幻迷人的陷阱，也因这股芬芳气息的迷惑，因这个美人的千般风情，至少恺撒与安东尼在这种精心制造的温柔乡中全身心地沉醉了，艳后满足了她强烈的政治欲望，香水发挥了它的神奇作用。

1920年以前，妇女使用的香水仍是几种简单的花香味。至1920年年初，当服装开始批量涌入市场的时候，一直处于"犹抱琵琶半遮面"的香水终于登上前台揭开它神秘的面纱。服装设计师们认为，只有香气馥郁的女子才与华丽的时装相匹配。说到香水，不能不说到一个伟大的人物——可可·香奈儿，这个让人即刻联想到时装、香水、女性解放和自然魅力的名字，被玛丽莲·梦露称为"唯一睡衣"的女人。香奈儿认为，一个女人不该只有玫瑰和铃兰的味道，一个衣着优雅的女人同时也应该是个气息迷人的女人，没有味道的女人没有未来，香水会增添她无穷的魅力。

香水不但会使女人的打扮更趋完美，也会使男人享受一种瑰丽的气氛。香水调配师称香水是"液体的钻石"，而女人又称调配师为"调和全世界香味的艺术家"。女人的优雅，女人的娇艳，女人的爱情，甚至女人的命运都同一瓶瓶美轮美奂的香水有着剪不断理还乱的情愫。法国女性认为与其被男性称赞说"你的穿着十分得体，很漂亮"，不如一句"你的香水多么适合你，你太有魅力了"。

在法国，女人要外出而她的恋人又不能相伴，他必定精心准备一瓶自己最常用的香水送给对方，以表达自己的心意。对衣饰的赞美只是外在的恭维，可是一个男人已经注意到你身体散发的香味时，就是从心理上了解你，或者对你有非常的好感了。

女人应该感谢香水，香水使女人更女人。女人是水，香水也是水，擦香水的女人是雾。女人喜欢香水，挥发清香，表达品位，吸引他人的注意。很多女人甚至很难了解女人擦香水是将吸引男人放在第一位，还是将吸引自己放在第一位。

由此可见，香水与女人之间，一直存在着亲密而微妙的关系，女人的美丽优雅、性感浪漫、恬静柔情、洒脱活泼借着曼妙的香气暗暗传送，展现着独特的个性宣言。闭着眼睛什么都看不见，但脑海中常常浮现出比睁大眼睛见到的多得多的形象，因为那是想象力最活跃的时候，闭着眼睛就能凭气息来判断她是谁。

在求爱过程中，最适合女人的香水就是那种散发出水果和鲜花气味的香水。从生理的角度来说，身上的水果香味就是在暗示

◎ 一个女人赞美另一个女人："你的香水太适合你了"

男人："我是水果做的，你来吃吧！"所以，自然的体香再加上苹果、荔枝、柑橘、李子、桃子这些水果，配合百合、兰花、玫瑰、橙花、香草，一定可以让女人在求爱中所向披靡。

欧洲的一款典型水果香水——艾佩芝，在 1927 年由珍妮·拉文研制成功。直到如今，它依然在世界范围内畅销不衰。艾佩芝香水中有玫瑰、茉莉、橙花和其他 60 种自然界的油脂和提取物，对男人的鼻子有潜在的刺激效果。它能进入对方的大脑皮层意识部位，直捣情感中枢。艾佩芝这个词，英文名为 Arpege，来自意大利的词汇，原意是琵琶。香水也是人如其名，能像快速弹奏琵琶一样，迅速作用于大脑。除了这款经典香水，女性还可以根据以下建议，选择适合自己的品牌。

1. 个性女人。

有的香水混合了茉莉、玫瑰、檀香、香油树花等香味，花香味馥郁甘甜，有种难以言语的纵深感，而这抹香只有懂得生活，有生活经历的女人能更淋漓尽致地散发其魅力。

推荐：CHANEL 香水。

2. 甜美佳人。

年轻女郎不知天高地厚，淘气、倔强、纯真，期望长大，又想做个小孩，充分挥霍青春。在她的世界里，依然怀着女孩的粉红心情。这类女孩子适合用甜美的香水来装扮心中的快乐、浪漫与无虑。

这样的香水通常带有水果和花香味，例如常见的葡萄柚、香柠檬和橙子，辅以小苍兰、铃兰、荷花、菠萝、西瓜和石榴汁等混搭而成，有的还不忘添加檀香、琥珀和白麝香等性感香氛。

推荐：迪奥 Addict2。

3. 自信女人。

自信的女人最美丽，而香水能让女人更自信。记者在某广告画中看到，一个漂亮的女人被4个男人团团围住，而她不为所动，眼光看得更远更高，嘴角带一抹神秘轻笑，时而妩媚撩人，时而清新脱俗，时而充满活力……女人是善变的，女人是多样的，女人如谜一般，难以捕捉。这正是致命的诱惑力。

一些国外百年香水生产商，把人的嗅觉金字塔完全解构，首先第一缕香气是紫罗兰，伴随而来的是红色浆果，并伴有淡淡的橙花和玫瑰香味，这也就是所谓的前调、中调和后调，辅助的香调和主要的气息混合在一起，让香水充满一种非常的气息。

推荐：娇兰。

4. 知性女人。

有人说，工作时候的男人最迷人，其实女人也是如此。女人暂时把妩媚抛到一边，在工作上与男人一较高下，呈现女性知性、理性、中性的另一面。这样的办公室女性可以选择这样的香水，其成分自然加入了具有男性香水特质的成分，如橙花、玫瑰花等，有的还添加了西洋杉，令香味少了份娇柔，多了份理智沉淀。

推荐：CK。

## ≈ 最好的香水如音符一样逐级散发

现在，香水几乎已成为衣着的一部分了。无论是擦式的还是喷式的香水，在英文中都用 wear（穿着）这个动词。由此可见人们对香水的重视程度了。男士或女士出席正式场合时选用合宜的香水能够表现出优雅和品味，能更好地改变一个人的形象。

最美的香水一定是有层次的，就像是一幕经典曲艺，或者是动人的情歌，通常它会分为三个层次。艾佩芝的最低层次是玫瑰，中间层次是茉莉，最高层次是麝香。首先闻到的玫瑰香是一种诱惑，中间的茉莉则提供体香的感觉，最后的麝香给予温暖，引起性欲，并能维持魅力。香奈儿 5 号作为香水奇迹，也一样是三重奏鸣曲的配置。第一重的是橙花、乙醛，第二重是茉莉和玫瑰，第三重是檀木和香草。香水大师安妮·哥特勒布就说过，男人会觉得水果，尤其是香子兰、琥珀的甜蜜味道非常非常性感。

香水无时无刻不在充当有情人的红娘，感情升华的催化剂。香水的煽情，香水的多情，与女人的一生相依相伴，相辅相成。

如果你出席社交晚会，用一款高质量的香水，会使你身价立增，初闻是鲜花的气味，然而渐渐会散发着一种神秘而与众不同的味道，让人流连忘返。

如果少了香水，总觉得缺少那么一点引人入胜的情趣。许多人以香水为名片，一般选择一种最能表达自己个性特征的香水，来展现其独特的魅力。同时，香水的使用似乎还能给人营造一种更为积极的氛围。

一次法国的一位很有名的服装设计师让模特儿在一个比较高的天桥上来表演他的服装秀。为了引起人们的注意，他特地嘱咐模特儿改变往常把香水洒在颈部和上身的做法，而把香水洒在腿上，结果效果非常棒。因为在她们走路时，坐在下面的人很容易就闻到了香味。当然这对时装表演是大有益处的。

嗅觉存在于人的感觉之中，烧焦食物的味道会抑制我们的食欲，烟味会让我们马上警惕起来，腐烂的味道会让我们心生厌恶，而香水，则让人产生愉悦。不同的味道，会引导出人类不同的情绪。美国嗅觉、味觉治疗研究基地的创办人艾伦·赫希博士曾撰文说："有证据表明，气味能够影响人们对你的看法。"嗅觉在动物系统中能够起到调节情绪、情感、寻求配偶的功能。因为嗅觉能产生很长时间的情绪效应，所以，有人追求嗅觉上的享受。

一个人形象的优雅、性感、浪漫、恬静、柔情、洒脱、活泼，等等，其实都可以借着曼妙的香气暗暗传送，展现着独特的个性宣言。所以，当我们洒上香水的时候，或许我们闭着眼睛的时候，就什么都看不见了，但我们可以通过嗅觉，去感知脑海中常常浮现出的比睁大眼睛"见"得更多的形象，因为香水往往容易透过嗅觉去调整我们活跃的想象力。我们似乎可以"看见"对方，而能"看见的"似乎不止是外貌，甚至还有更深层次的属性。

就好像电影《闻香识女人》中，那位盲人上校从一个女孩用的香水中判断出她的家世、性格喜好，并断言她是一个出身好家庭的女孩……所以，并非只有电影里才会有这么神奇的故事，在现实生活中，人们对气味的敏感程度，香味对人情绪的影响力，远远超乎人类想象。当然，上有政策，下有对策。女人用香水来刺激男人，男人的鼻子也会快速适应香水的味道。所以，过一段时间，男人的嗅觉中枢就不会对女人的味道有什么感觉，因此，他就必须离开一小段时间，再回来重温之前的感觉。有些男人若是吸烟，对香味过敏，或是常年和烟雾打交道，那他的鼻子对于香水也不敏感。这种情况，用一些精心挑选的油脂，比如桂皮、香草和花香混合，就能取得独特的效果。

香水要喷洒或涂抹在适当的地方。一般洒在耳朵后面或是手腕的脉搏上。另外手臂内侧和膝盖内侧也是合适的部位。除了直接涂于皮肤，也还可以喷在衣服上，一般多喷在内衣和外衣内侧、裙下摆以及衣领后面。而面部、腋下的汗腺、易被太阳晒到的暴露部位、易过敏的皮肤部位以及有伤口甚至发炎的部位，都不适合涂香水。

若想保持香味持久，不妨搽在丝袜上。当你希望香味持久，又希望香气由下而上散发缭绕，抹在大腿内侧、脚踝内侧、膝盖内侧以及长筒袜上是很好的方法。

其次，使用香水时要注意一个浓度问题，欧洲人用的香水会比较浓。我们没有必要效仿西方，另外还应选择喜欢并适合自己的香水。香水是无形的装饰品，没有比香水能更快、更有效地改变一个人的形象的了。

在工作时，应用清新淡雅的香水，这样才不会给人以唐突的感觉。在运动旅游场合，就应用各品牌中标有"运动"字样的运动香水，而在私下亲密的时刻，当然可以用浓烈诱人的古典幽香了。在白天和冬季由于湿度低，香水应相应增加浓度。

最后，随着时代进步，人们审美情趣的提高，男士用香水也越来越被人们所接受。时至今日，很多男士都对古龙香水等淡香水所吸引。

## ≈ 求爱离不开味觉的刺激

和嗅觉相同，味觉在求爱中也拥有巨大的潜能。早在5亿年前，味觉就是原始的脊椎动物检测食物的手段之一，到现在作用已经进化得更全面了。

味觉的适应一般表现为味觉感受性的降低，完全的味觉适应则表现为味觉的消失。味觉的适应速度与物质的浓度成正比，浓度越低适应越快。味觉有交叉适应现象，即对一种物质的适应会影响对其他类物质的适应。一般说来，味觉适应比较明显，但不同物质的适应时间和恢复速度是不同的。如对蔗糖的适应和恢复较慢，对食盐的适应和恢复较快。

色香味俱全的食物会产生一种叫作风味的诱人力量。风味这个词，在英语中是 flavor，在印欧词汇中是膨胀或爆炸的意思，很自然能让人联想到性。而在我们汉语之中，"风味"的定义离不开味觉、嗅觉和感觉。所以，一顿风味独特的饮食，必然是面面俱到的。而国人所向往的许多求爱圣地，一定离不开当地的风味饮食。巴厘岛的熏鸭、北海道的日式料理、阿尔卑斯山的奶酪火锅都是情侣不愿错过的美食。

但纵观全球，谈情说爱最好的食物是肉。我们对肉的喜爱要比对水果、蔬菜和坚果更古老。我们身体中隐藏的肉食动物侵略性让我们觉得肉类比起蔬菜或者水果拼盘更可口，所以吃肉会让求爱更快乐。

此外，在人类的面部，有一个辅助味觉和嗅觉的三叉神经系统。它是一种最近才发现的、第三类化学感官，是口腔触觉的一部分。三叉神经喜欢清凉的麝香味，比如薄荷或是酒精，所以很多人贪杯，感受到了酒精的刺激就一定要喝到尽兴。有鉴于此，为了杜绝酒驾，可能有必要挑断人的三叉神经。当然，在求爱中，酒精的刺激口感和麻醉作用能让爱情发展得更加迅速。

三叉神经还是一种早期对疼痛警觉的神经，用于保护舌头和口腔。所以，我们会特别喜爱熟悉的食物，因为那种味道让我们感到安全。《料理鼠王》中，成功改变了美食家偏见的"妈妈的味道"绝对不是夸张。在爱情中，家乡的味道也能让对方感觉和你一起非常亲密。

当然，三叉神经还喜欢辣椒、胡椒、山葵甚至是芥末的刺激。所以，约会时点一些辛辣的食物，会让爱情像辣椒一样刺激。

风靡全球的意大利菜与三叉神经的偏爱也有直接关系。意大利干酪、土豆寿司、炒大蒜和披萨都让我们回味无穷，而正宗的意大利风味同时刺激舌头的前部和根部。橄榄油能在喉咙留下辛辣的感觉，这种作用就像是可乐和红葡萄酒一样。所以，可口可乐的成功与意大利菜也是相同的。一次浪漫的烛光晚餐，若是食之无味，那么之后的激情估计不会发生。顺便说点题外话，川菜和湘菜之所以能风靡中国，一定与他们以辣为主打分不开。而路边的各种小吃，从羊肉串到烤翅，从麻辣烫到臭豆腐，也大都不离辣子。

　　既然如此，到底是什么带给了三叉神经性吸引的感觉呢？一些人认为，是辣椒中的辣椒素释放的类似鸦片的物质，刺激了大脑的快乐中枢。而辣椒素是"次级代谢产物"的一种，是许多草本植物和香料的活性成分。而次级代谢产物是用来保护植物免受侵害的物质，用来警告虫类和蛇"不能吃"。

　　三叉神经对于次级代谢产物是警惕的，可如果剂量很小，我们就只是在潜意识中感觉到危险。比如，我们明知道吃辣会很辛苦，可仍旧不会忌口。

## ≈ 巧克力是情侣们最好的开胃剂

　　一块精致的巧克力，细腻、滑润、丝丝入扣，唇齿舌间，余香缥缈，让人食后感觉意犹未尽，回味无穷。巧克力不仅具有美妙的味道，更因其本身代表的一种特殊的文化而备受人们青睐。在很多西方国家，巧克力被称为"爱情食品"，和玫瑰花相配，是情人节最好的礼物。

专家指出，热恋中的人脑子里被一种叫作苯乙胺的物质所覆盖，从而产生美好的情绪，而巧克力中就含有苯乙胺这种物质，能促使人们美好情绪增长。因此，巧克力成了热恋中少女的"爱的粮食"而备受推崇。

◎ 巧克力 · 爱心 · 玫瑰

巧克力中的色氨酸是一种前体分子，进入血液后转化成神经递质——5-羟色胺。5-羟色胺使人产生快感，所以在求爱中，这种化学物质的作用会让你潜意识觉得对方还不错。当你吃下一块精致的巧克力之后，色氨酸立即通过血液循环、穿过血脑屏障进入大脑。那里，它转化成5-羟色胺，后者收缩血管，并刺激肠胃蠕动。5-羟色胺可以同时激发和抑制情绪，使得对方靠近你会变得容易一些。

在我们沐浴爱河时，身体也会自然产生一种化合物，也就是巧克力中的安非他命物质。如此，我们就能理解为什么古老的墨西哥阿兹特克人会把巧克力与受精相连。而实际上，当我们感到性兴奋时，身体产生的安非他命会刺激多巴胺的释放。巧克力中的安非他命会少量通过血液屏障进入大脑。实验证实，我们在求爱中的一个拥抱、一个回眸、一次牵手，就能激发出安非他命的释放。

20世纪90年代中期，澳大利亚的莫纳什大学的科学家比特·哥弗丽、莱奈特·哈胥吏以及罗恩·布朗声称发现了巧克力中类似安非他命的物质。弗里斯州立大学的罗伯特·弗朗说，在爱情的开始阶段，因为彼此身体中该类物质的存在，我们会容忍对方的错误行为。在《爱情的化学物质》一书中，精神病医师迈克尔·列博伟茨声称，该类物质会产生无穷的能量和暂时性的精神错乱。眼睛晕眩可能是种求爱中积极的化学反应的保护性信号。

如此一来，我们不难理解为何大家总觉得爱情的开始甜蜜如糖，而后来却平淡如水。罗伯特还说，该类物质所导致的浪漫表现就是呼吸急促、手掌湿润、心跳加速、脸颊泛红等。这些特征相信每一个经历过真爱的人都能理解。

为了表达爱意，恋人们经常互送巧克力。也许正是因为巧克力的芳香和醇美表达了爱情的真挚和浓郁吧。一块精致的巧克力，浓郁回旋荡漾，分明有绵绵爱意，不尽相思，却又欲说还休。闭上眼，就沉醉了只剩下恋爱中那种复杂的甜蜜滋味，让人神思遐想，回味无穷。

## ≈ 刺激或危险容易让人产生恋爱的冲动

爱的丘比特之箭不是虚幻的无中生有，它和性欲、音乐、巧克力一样，都源于刺激多巴胺的释放。美国明尼苏达大学的玛丽莲·卡罗尔就说，食物、酒精和药物带来的刺激和神经递质的作用一样。性欲、迷恋和厮守是特定的化学物质刺激了5亿年来都存在于大脑的快感传输路径。所以，不少人认为，正是有了这个路径，人类才对爱情心驰神往。

不过对爱情的长期研究却发现，恐惧可能是爱情的另一面。

在英国的著名卡比兰诺峡谷吊桥上，有一个实验便证明了恐惧对于求爱的作用。

请一位美丽的女大学生站在吊桥的中央并向过桥的男士搭话："能请您参加一项关于自然景观和创造性的心理学研究吗？"然后请对方看图片并说："现在时间不是很充裕，如果您和这项研究有兴趣的话，不妨在有空的时候打电话给我，我很乐意向您进一步说明。"在另一座固定的砖桥上也做了同样的实验，并且在桥上执行实验的女大学生为同一个人。然后比较了男士打电话的数量，这个数据才是本次实验的最终目的。

结果那些通过吊桥的男士打来的电话更多。原因是在吊桥上的男士处于刺激性生理兴奋状态。在兴奋状态时刚好出现了一位年轻美丽的女性，心里的兴奋容易被误以为是一见钟情。在砖桥上的男性没有处于兴奋状态，也没产生爱慕情感，所以打来的电话也少。同样的情况用男性作实验执行者时，两座桥上的人都很少打来电话。这表示兴奋感和爱情是有关联的。

【第一组　通过危险吊桥的男性感到心跳加快、神经紧张，他们倾听女性说话较为专注，打来电话的人数相对较多，占50%。】

【第二组　通过固定砖桥的男性没有明显的生理反应，他们倾听女性说话的时间较短，打来电话的人数相对较少，占12.5%。】

根据这个实验，社会心理学家亚瑟·安隆得出的结论是：性冲动实质上是恐惧引起，而不是异性相吸。我们会误认为异性相

◎ 通过危险吊桥的男性

◎ 通过坚固砖桥的男性

吸是因为求爱时的化学物质刺激引起的恐惧，和性冲动没有区别，所以会混淆。危险的信息刺激人体产生的肾上腺素和热恋时的情况相同。在这两种情况下，肾上腺素都会让我们心跳加快、血压升高、血糖浓度增大。

20世纪50年代，美国心理学家阿诺德提出了情绪的评定——兴奋学说，认为情绪的产生要在受到情绪的刺激后经过评估的过程，对相同情景刺激的不同的评估结果会产生不同的情绪。由于人类的情绪受认知和生理两个因素决定，在情绪产生的过程中，有时会形成情绪的认知混淆。

一个非常能说明问题的例子是"9·11"事件。美国人在经历了那一天的噩梦后，也让爱情的研究有了更大进步。《时代周刊》有一篇名为"世界末日的爱情"写道，曼哈顿的情侣们发觉在经历了世贸大楼的坍塌之后，和陌生人的交谈变得非常容易。有一位女士就说："我对这种轻松的攀谈感到惊讶！"而灾难降临的那一刻，被描述成"糟糕的约会"或是"性的启示"，表达了强烈的情感。有一位男性表示他和地铁里邂逅的女士谈起世贸中心，会庆幸自己还活着。

同样的例子就是2011年的日本大地震，震后的青年男女出现了结婚潮，他们普遍表现出了爱情的责任。而回归到电影之中，无数的影片结尾，男女主人公一起经历了生死考验，接吻就似乎成了必然。

所以，某种程度上来说，爱情源于危险。

青年男女在身体条件允许的情况下，的确有必要一起经历些小危险。比如一起潜水、越野或是坐云霄飞车。当然，为了协调好时间，最好要计划一下约会。约会还可以是攀岩、蹦极和远足。通过这些运动中产生的肾上腺素，爱情甚至能永葆青春。

## ≈ 神经递质能够增强人的性欲

关于化学物质，爱情中最神奇的就是信息素。动物在交配季节，雌性会释放出性欲气味来挑逗雄性。所以，狗会互相嗅屁股，老虎留下尿液来寻找配偶。有些科学家认为，我们人类可以通过气味、汗液、唾液释放的物质互相吸引，而这就是我们的一种信息素。

信息素同个体之间相互作用的化学物质，能影响彼此的行为、习性，乃至发育和生理活动。信息素由体内腺体制造，直接排出散发到体外，信息素依靠空气、水等传导媒介传给其他个体。

生物学上，信息素来源于一种蚕蛾。雌性的性吸引物质会刺激雄性，让它们张开翅膀，就像是在跳求偶的舞蹈。蚕蛾的这种行为纯粹是在化学物质的作用下表现的，科学家可以在没有雌性蚕蛾时让雄性照做不误。而信息素的原始定义就是如此——能激发一种不知不觉行为的化学物质。

信息素通常容易被人们忽略。其实，同在一个宿舍的女生逐渐出现经期同步现象，就是信息素在起作用。对性爱来说，不同味道包含的信息素不同，能在暗中调配着人体性欲的唤起程度。根据理查德·L.杜特的观点，人类大脑是因为缺乏某些必要的神经元物质，才导致不能捕获信息素的气息。

可无论如何，气味始终在爱情中扮演着不可替代的角色。拿破仑曾经在给他情人的信中写道："我要来看你了，请不要沐浴。"原始部落里，夫妻双方会交换带有自身气味的衣服，以此作为精神的寄托。到了如今的社会中，许多人都表明他们贪恋对方身上的味道。不少人在分手后，会常常怀念恋人的气息。意大利的探险家加瓦尼·卡森诺娃就描述道，他爱人的房间里，有一种香味弥漫其中。所以，气味在爱情中给我们带来的东西超乎想象。

我们的生活中充满了各种化学物质，它们时刻影响着我们的心情。在求爱中，它们同样能发挥特别的作用。重视这些物质，你的求爱或许更加游刃有余。

## 第八章

长相厮守——

# 关注连接彼此
# 心灵的爱情信号

## ≈ 伴侣的肢体语言告诉你情归何处

男人可以通过观察到自己的女伴在和陌生人接触时的肢体语言表达，来判断你们感情的走向。比如在超市里，她和售货员说话时，若是扬起眉毛，微微抬头让自己的话语更有吸引力，那么这就表明她潜意识里是希望能和你长期维持关系。而如果她低着头，逃避眼神的交流，用一种烦躁或漠不关心的态度说话，你应当警惕她肯定有别的想法。女人在平常生活中面对陌生人的态度，友好或是冷淡都能预示着激情过后她将要做出的选择。一句话，你的伴侣对待陌生人的表现就是你们未来关系的参考。

当然不只是爱情中可以这么运用，你和其他人相处也能简单识别情绪。比如，和朋友在餐厅里吃饭，服务生若是上错了菜，你的朋友眯起眼睛，嘟哝嘴巴，不耐烦地摇头，这肯定说明他很光火，也预示着他跟你的相处不太轻松。像上面这些细小的动作，虽然是一闪而过，却总是能泄露人的心理状态。所以，当一个人面部肌肉紧绷，他肯定是陷入自身的情绪中对别人无心理睬。此时的你就要做好心理准备，因为这代表怒意的信号说明他随时都有可能爆发，尽管当前他还表现得淡定从容。

需要说明的是，人们处于热恋时，往往只关注恋人对自己的肢体动作，却忽略自己对别人的做法。假如你听到"我男朋友总是对我发火，好像什么事都是我的错"这一类的话，那必然说明这个女孩在开始恋爱时就没关注过相似的信号。正是由于这种忽略，导致了恋爱后来的分手甚至婚姻不幸和离婚。

有一个非常具有开创性的研究，用爱情公式来预测婚姻的走向。在长达 20 年间，研究者对 600 多对夫妻进行了持续调查，把婚姻生活中的各种情绪，比如生气、苛求、冷战、赞美等物量化成元素，代入固定的数学公式中计算。根据计算的结果，预测出哪一类的婚姻会走向灭亡。在这个研究之后，华盛顿大学的人际关系学院博士，约翰·高特曼发现，幽默、友好和关爱对营造幸福的婚姻举足轻重。

接下来就有必要对爱情中的消极情绪做全面认识。这些负面的情绪不仅能破坏我们自己的好心情，更能影响他人的情绪。而爱情中的负面情绪会慢慢吞噬爱情的力量，让我们最终千疮百孔。此类情绪中最可怕的两个就是愤怒和欺骗。

愤怒的情绪在成年哺乳动物中很常见，尤其是在争夺食物和交配权中。我们人类在愤怒时会紧握双手，闭上嘴巴，张大鼻孔，拧紧眉头。当然，我们的拒绝肌会收紧下颚，为撕咬做准备。

◎ 愤怒的表情

愤怒在声音上的表现也力道十足。当一个人怒发冲冠时，声音会变得低沉响亮，听上去极具威胁性和侵略性，因为响亮的声音会让身体看起来更大，更有压迫感。科学记者霍普森就说过："声音变得低沉刺耳时，身体就变大。"所以，在求爱中，愤怒的情绪若是发泄出来，肯定让对方仓皇而逃。

欺骗也是爱情的一大忌讳，不论在电影、小说还是现实生活中，都被广泛认可。放羊的孩子因为说谎丢了羊，我们也会因为欺骗而丢掉爱情。可尽管如此，婚姻中还是广泛存在着欺骗行为，这与人类天生的说谎能力密不可分。而且，这种撒谎的能力在人类的近亲——猴子和猿类身上也普遍存在。黑猩猩与人类的基因有99%的高度同源，所以也是说谎高手。曾经有个名叫弗兰克·德瓦的动物学家就说，一只成年的公猩猩用双手捂着嘴巴来掩盖自己对情敌的恐惧。

通常情况下，爱情中的人会用愤怒来掩饰欺骗。比如，你的女朋友有了新欢，对你冷淡下来。在面对你的质问时，她总是莫名其妙地发火，好像错的是你。这就是典型的用发火掩盖欺骗。如果你在感情中遇到对方的怒目而视、声嘶力竭、肌肉抽搐，那么别害怕，他不过是在虚张声势，实际上内心正是忐忑不安。但看出这一点，也还是不值得高兴，因为你们的感情就要结束了。

下面列举几个最明显的说谎信号：

1. 不怎么点头；

2. 眨眼次数增加；

3. 不停地抚摸自己，尤其是嘴唇、鼻子和手；

4. 交谈中缺少必要的手势。

简要说明一下，人在说谎的时候，心中的负罪感和不确定会给自己形成无形的高压，迫使他呼吸急促，反应迟钝，所以头部僵硬。眼神的游移不定和不敢对视都证明了他极度紧张，而为了让自己表现出确定的样子，他们会变换姿势，强调说话的重点。这表现出来就是自我触摸和不能使用自信的手势。

总之，欺骗和愤怒是爱情出现裂痕的明显信号。当然，更危险的就是拒绝肌肤之亲。因为，当爱情消逝后，亲密的触摸和性爱就不存在了。

所以，有经验的人会把上床作为爱情是否继续的标志，而无性的婚姻总是走不到最后。

自由恋爱的制胜秘诀是随时做一个细心的观察者。当你用一只眼睛看着恋爱中的火热激情时，记得用另一只眼睛注意爱的信号。

## ≈ 想听缠绵的爱语，自己也要情意绵绵

没有女人不爱甜言蜜语，对于男人，也同理可证。甜言蜜语并不是只能从男人的口中说出来，女人也应该学会一套拴住老公的说话术，不失时机地对男人说一些让他高兴的话，因为无论男人还是女人都需要心灵的滋养，只不过女人的方式与男人会有所区别。

人们常说，情人的话是最不值钱的，又是最值钱的。不论是一见钟情的少男少女，还是同舟共济几十年的老夫老妻，绵绵情

话总是说了又说，讲了又讲。每每听到爱人说"我爱你"，总是能激起万般柔情，千种蜜意。恋爱总离不开交谈，这似乎是经验之谈，对初次相见的男女来说尤其如此。

夫妻间的缠绵爱语，实际上就是充满感情的言语交流。许多关系冷漠的夫妻，他们的共同之处就是相互间语言太苍白，太没人情味了，以致情感冷却，甚至走到家庭破裂的边缘。所以，情感语言的交流对于夫妻双方来说比恋爱时节的谈情说爱更为重要。

卡耐基说："已婚夫妇也需要交谈，虽然说情感的交流是多渠道的，但语言交流到什么时候也淘汰不了。"亲密的私语是恋爱中的男女不可缺少的。尤其是在进餐或是放松时的亲密交谈，可以称得上是爱情的一种情感增效剂。

大家所熟悉的大文豪马克·吐温常常把写有"我爱你""我非常喜欢你"的小纸条压在花瓶下，给妻子意外的惊喜。这种习惯伴随他的一生。可见，甜言蜜语绝非多此一举，而是恋人和夫妻增进感情的一个良好途径。

妻子常对丈夫说："晚上，你不在家里我害怕。"这的确是一句很管用的话。它满足了男子汉作为家庭保护神的自尊，也表达了女人对男人的依恋之情，也委婉地暗示了妻子深爱着丈夫、生怕被别的女人抢走的心理。其实，如何赢得男人的爱，怎样才能让男人高兴，也是一门艺术。

只要是你想对他说的由衷的亲切、喜爱之情，都可以添一些甜味剂，把它表达出来。与他久别重逢时你可以讲："好像在做梦，

◎ 妻子对丈夫说："晚上，你不在家里我害怕。"

多么希望永远不要清醒。"你以充满爱意的眼神望着他："总是惦念着你！别的事我一概不想……我感觉，好像一直跟你在一起。"这是"无法忘怀、时时忆起"的心境，只要谈过恋爱的男女，一定有此体验。这些话不用怕羞，可以反复使用。

还有许多甜蜜的爱语。有很多女性使用如此甜蜜的词句接二连三地向男性表示"永远不变的纯真爱情"，自己便会沉浸在自我陶醉之中，而男性的反应也会是积极的。

若要听到缠绵悱恻的爱语，那么自己说话时也要情意绵绵。肯特州立大学的斯坦福·格里高力和斯蒂芬·韦伯斯特通过研究发现，夫妇们会不知不觉习惯于他们的说话语气。他指出，如果一方说话温和，那么对方也温和。如果说话苛刻、讽刺，那么听到的也是这样。格里高力和韦伯斯特通过研究交际融合理论发现，如果要建立积极的情感基础，那么你就要左右你丈夫的说话语调。

法国人之所以被誉为最性感的民族，正是因为法国人表达时充满感性及跌宕有致，而法语就像一种呢喃软语，在适当地方停顿，富有节奏感，韵律优美，让聆听者漫游于你的思维里，这种像叫人与你的思维一起舞蹈的说话风格，不也是一种性感吗？

　　把你的爱通过语言表达出来，让对方时刻体会到你深爱着他，并时时创造一种美妙的生活环境取悦他，那样你们的感情会一天比一天深厚，他对你的爱也会一天比一天深。如果你希望爱情之树常青，就不要吝惜你的甜言蜜语，它会使你的爱情之路更为平坦、顺畅。

## ≈ 对方的习惯是开启心灵的钥匙

　　习惯动作是指长期养成的、一时不容易改变的行为、倾向等。通常，我们看到的行为多出自表现、炫耀等心理，但人们的习惯动作却略有不同。习惯中，有很多源于无意识的行为发自天然，并由于不断地重复相同的行为，形成固定的模式。就像人类初始的动作，多是出自天性，但在多年生活的磨砺中，逐渐有了不同的意义。

　　作为观察人们行为和性情的切入点，习惯是最容易被捕捉的信息点。根据事例研究证明，一个人的习惯动作的确是解释其真实情况的可靠途径。所以，当我们要对其他人进行观察时，与其看他们的外表，不如以他们独特的行为习惯来分析更妥当。

　　习惯的养成，可以比作一个纺纱过程。初始，人们的举动可以被看作是一根细细的丝线，随着后期不断地重复，就好像在原

来那条丝线上不断缠上
一条又一条丝线，最后
它便形成了足够的粗细，
将我们的思想和行为固
定。尽管人们试图改掉
一些不良的习惯，但习
惯的稳定性一旦形成，
就会随身携带，很难在

◎ 行为习惯显示性格

短时间内根除。甚至在很多时候，它们可以不受主观意识控制，
是人们所无法掩饰的。不过，这也为我们通过这些习惯去观察、
了解和辨析一个人的心理和性格提供了最佳的途径。

　　人的习惯与其心理、性格之间的关系非常密切，它们深深地
揭示了性格的原本面目，是性格的一面镜子。只要留心观察，我
们便不难发现，人们的许多秘密都是从习惯动作中流露出来的，
正如托尔斯泰说的那样"习惯是开启心灵的钥匙"。

　　现实生活中，任何一种行为习惯，都是经过长期积累形成，
是将人们内心表现于外的行动。所以，一个人的举手投足都是他
心态和性格特征的真实写照。

　　心理学家莱恩德曾说过："人们日常做出的各种习惯行为，
实际反映了客观情况与他们的性格间的一种特殊的对应变化关
系。"就像我们在感到幸福的时候，有的人会脸部松弛，浮现甜
蜜的笑容，有的人则可能将双手轻放在胸前，或者抚摸脸颊，甚
至有的人眼中还会浮动明显的泪光；相反，在感到紧张时，有的

人会不由自主地揉搓双手，全身僵直，有的人用脚搓地。另外，在感到恐慌时，有的人会不住地颤抖，出冷汗，有的人则会用手抚摸鼻子或者掩住因恐惧而微微张开的嘴唇等。对于绝大多数人来说，不同的感受会在第一时间反映到身体不同部位的习惯动作之中，并显露于他人面前。

这些身体上的强烈感受，恰恰让我们有机会意识到周围人正处于什么样的精神状态，心里正在想什么。这些活动很多是在无意识状态中进行的，你看到的一切将更加真实。

## ≋ 倾听是最博大、最无声的爱

人类存在几种共通的需求，其中一种就是身体刺激和心智刺激的需求，我们称为对刺激的需要，就像小婴儿需要我们对其身体进行触碰、抚摸、拥抱的刺激需求。成年后，这种需求转化成了需要对方认可的需求，有人称其为"被认可的需求"。这种认可往往在人际互动中获得，其实简单讲就是"刺激——回应"的模式。经过循环的互动，我们都在沟通中获得和给予这种认可，从而获得心理满足，同时转化为心理能量。我们需要不断地补充这种能量，不至于让它消失殆尽。所以，倾听就是在沟通中使用语言和非语言态势来表达自己对对方的重视，这种重视本身就成为了对对方价值的一种认可。

专家认为，真正意义上善于与人沟通的人，往往是那些比较沉默的人。能够舌战群雄，拥有铁齿铜牙，当然是一件好事，但如果你将你的口才用过了头，总是对别人喋喋不休，盛气凌人，一副得理不饶人的气势，那么实际上你并不是一位非常善于与人交流的人。因此，当你和别人交往的时候，要掌握谈话的主动权，就一定要先让思维控制自己的嘴巴，假装对什么都不了解，让对方先说，然后你只管用耳朵去倾听，一定要让对方滔滔不绝地畅所欲言，这才是一位高明的交流者的做法。

某次，一位商界名人到乔·吉拉德这儿买车，乔·吉拉德向他推荐了一种相当不错的新款车型给他。对方表示很满意，当即拿出了美元现钞与乔·吉拉德交易。然而当双方即将很满意地成交的时候，对方却不知何故变了卦，一脸不高兴地拂袖而去。

为此，乔·吉拉德很是疑惑，也相当懊恼，经过再三思考，晚上他主动拨通了那位客户的电话："客人，您好！我是乔·吉拉德，今天您来我的店里买车，我看到你很喜欢那辆车，眼看你就快买走了，可为什么突然又变了卦？"

"请问您知道现在是什么时候吗？"

"对不起，我当然知道，虽然现在已经很晚了，但是我心里觉得非常难受，我懊恼了很久，真的不知道是出了什么状况了，所以希望能明白你的真实想法。非常抱歉，我知道现在已经是晚上11点钟了，但是我检讨了一下午，实在想不出自己错在哪里，因此特地打电话向您讨教。"

"是这样吗？那请问你今天下午有注意听我说话吗？"

"当然，我非常用心。"

"事实上你没有，在签合同之前，我反复地告诉你我的小儿子的情况，他马上要到大学里念法律，我还告诉你他的爱好，将来想要做什么，我告诉你我的儿子非常棒，我以他为荣，可是你好像一点反应也没有。"

听完后，乔·吉拉德觉得一头雾水，他根本就不知道对方还说过这些事情，除了能把汽车销售出去，其他东西他并不关心，所以也没有注意那么多。乔·吉拉德仔细回想了一下当时的状况，他认为那笔交易已经谈妥，就转而跟自己同事聊天说笑话，所以才忽略了客户的感受。

在这个案例中乔·吉拉德之所以会失败，是因为他没有注意到买的那个人除了想买车，更想听到一个人对他的儿子的赞美。乔·吉拉德的确是一个善于说话的人，让客户在第一时间看过车之后就想买下来，但他不是一个善于倾听的人，这才是导致他交易失败的关键。

在人际交往中，一个人不仅要会说话，更要善于倾听别人讲话，往往后者才是决定一个人成败的关键，也是维系人际关系、保持友谊最有效的方法。

会倾听，不单单是用耳朵来倾听，更要用心去倾听，很多时候倾听比诉说更重要。对于爱情而言，倾听是最博大、最无声的爱，它包含了爱人之间的尊重、理解、沟通、接纳、期待、分担和共享，倾听也是一种学习、一项技巧，一门人与人沟通的艺术。

当你与爱人发生矛盾的时候，当你们进入争吵后的冷战期的时候，当你的爱人不愉快的时候，为他递上一杯热茶，坐在他的身边，仰起头来，认认真真地听听他心里真正想对你说的话，这个时候不要发出任何声音。倾听是一种微妙的沟通。沟通是双向的，婚姻中，当一个人在讲自己的意见或建议时，也必然会有一个是听的。然而，让人遗憾的是，会听别人讲话的夫妻实在不是很多，更多的夫妻在实际生活中，都是在抢着说话，好像少说一句便吃了大亏，专心听别人讲的人必定是理屈词穷。

善于倾听的人，能够给自己的恋人以最大的安慰。所以要实现恋人或者夫妻间心平气和、有效的沟通，就一定要注意倾听。没有专心倾听对方说话，是导致婚姻陷入困境的一个重要原因。经常听女人这样抱怨："他从来不听我说话。"或是"他不了解我心里的感受。"没有专心倾听伴侣说话是问题婚姻的一个迹象，专心倾听对方说话是健康婚姻中的一个特征。当别人对你说："请接着说。"而且是真的专心听我们说话，我们会觉得自己被看重、被了解、被接纳。由此可见，积极的倾听可以改善感情。

1. 注意力集中是聆听别人谈话时首先要注意的。此时，最忌讳眼神的飘忽不定，当然，也不必紧张地手心出汗，拘谨地不知所措。千万不要让心思任意漂游，天马行空地胡思乱想。倾听时表情要自然、放松，并随着听到的内容发生变化。没有什么比一个面无表情的聆听者更让说话的人感到扫兴的了。

2. 出色的聆听者意味着心神集中和积极地配合。如果你想要赢得一个男人的心

◎ 认真倾听对方讲话

或者对他施加影响时，千万不要在他需要一个聪慧、机灵的聆听者时拿出装傻、扮天真的本领表现出十分欣赏、崇拜他的那一套把戏。

3. 在聆听时可以把握发问时机，偶尔提出不同的看法。如果你个人非常赞同他的说法，可适时地在他谈话停顿的时候提出来，但不要滔滔不绝。要注意让他掌握谈话的主导权，这样，就不至于造成单调的独白，双方的思想也能得到很好的沟通。

4. 倾听不意味着沉默。嘴巴闭上时，话语听得最明白。但是倾听并不意味着沉默，沉默有时比吵架还要有害，沉默实际上是拒绝沟通。婚姻中，有些人把沉默当成了一种武器。惯用沉默做武器的人，常有这样的借口："我不吭气，是为了不想跟他（她）吵架。"实际上，沉默不仅不能解决问题，而且因为沉默里包含着对对方的极端轻视，隐含着"我不爱理你""不跟你一般见识"的意思，从而不仅不能解决问题，反而使矛盾进一步激化。而且，夫妻之间出了问题，如果一方沉默，也断绝了共同解决问题的可能，阻碍了亲密关系的修复和发展。因为良好的夫妻关系是建立在坦诚沟通思想的基础上的。

面对一方的沉默，另一方应该怎么办呢？最好别逼他说话，或者采取激将法来刺激他，这样并不能打破他的沉默，反而会造成更沉默或大发脾气。比较好的办法是让他知道沉默本身已经表达了某种意思和你对此的想法。让对方认识到夫妻之间任何问题的解决只有通过开诚布公、心平气和的交谈和专心地倾听才能实现。学会正确聆听别人的讲话，不仅能让你与男人相处得更融洽，也能让你和其他人相处得更好。

5.要有耐心，切忌随便打断别人讲话。有些人话很多，或者语言表达有些零散甚至混乱，这时就要耐心地听完他的叙述。即使听到你不能接受的观点或者某些伤害感情的话，也要耐心听完，听完后才可以表示你的不同观点。当别人流畅地谈话时，随便插话打岔，改变说话人的思路和话题，或者任意发表评论，都是一种没有教养或不礼貌的行为。

## ≈ 性欲是爱情的动力之一

德国古典哲学家康德，一生从没有坠入过爱河。不过他到中年时也说过，对异性的倾慕是男女之间其他所有激情的基础。19世纪末20世纪初，英国著名作家霭理士在他的《性心理学》一书中写道："恋爱的发展过程可以说是双重的。第一重的发展是由于性本能向全身释放……第二重的发展是由于性的冲动和其他性质多少相连的心理因素发生了混合。"

性科学的研究表明，正常的性生活可以促进性激素的正常分泌，协调体内的各种生理机能，也是心理健康的需要。长期的性压抑对人的身心健康不利，甚至会导致一些身体及心理疾病。

刘易斯与莉安娜相恋三年后终于步入婚姻的殿堂。莉安娜是一个娇小内向的女人，对刘易斯情深义重，特别是在事业上总是理解他、支持他。刘易斯也为找到这样一位妻子而感到幸福。

但是，婚后刘易斯发现妻子样样都好，就是缺乏"性"趣，结婚以来没有一次主动与刘易斯亲热，对刘易斯的激情冲动向来

◎ 性欲是爱情的动力之一

也没多大反应。每当刘易斯"性"致盎然时，莉安娜总是无动于衷，两人的交流与沟通更是道路不畅，每次刘易斯问她感觉怎么样，她总是两个字——很好。但事实真的好吗？

有一次，刘易斯负责承担的一项技术改造工程取得圆满成功，那天晚上跟同事庆祝完回到家已经快 11 点了。刘易斯这时候很想和妻子一同分享成功的喜悦，看到躺在床上的妻子，按捺不住冲动，抱着莉安娜狂吻起来。

莉安娜含含糊糊地说："都几点了？快洗完澡睡觉吧！"刘易斯没有停止动作，兴奋地说："老婆，我那个工程成功了，好好庆祝一下吧！"莉安娜推开他说："我好困，明天吧！"便翻个身向里而卧。刘易斯一下子泄了劲，一头倒在床上，睁着眼睛到天明。

从这以后，刘易斯出了问题，一接触到直挺挺的妻子，纵有满腔爱意也发挥不出来，而莉安娜每到这个时候不但不觉遗憾，反而似乎松了口气。

刘易斯开始变得容易激动和暴躁，脾气也越来越大，但莉安娜却总是忍气吞声，委屈流泪。平静下来的时候，刘易斯就问妻子是不是有什么难言之隐，要不要去医院检查。可莉安娜总是矢口否认，说自己好端端的什么病都没有。

万般无奈之下，刘易斯提出了离婚，莉安娜没有吵闹，也没有拖延，痛哭一番之后在离婚协议书上签了字。

爱与性紧密联系着婚姻。作为情投意合的配偶，性与爱往往是合二为一的。这种融合，使婚姻生活达到幸福的顶端。性欲的满足与否还会产生一定的社会效应。美国心理学家和社会学家针对一千对夫妻做了一个调查，结果表明，妻子需求的排列次序是：(1) 爱情，(2) 互相忍让，(3) 互相尊重，(4) 性生活美满；丈夫的夫妻生活需求依次是：(1) 爱情，(2) 性生活美满，(3) 思想沟通。法国民意测验调查所对各行业、各年龄阶段的一千多人的调查中，当问及"什么样的人最幸福"时，83％的人认为性生活美满的人最幸福。反之，性压抑会给社会带来危害。

从心理层面来看，性行为不只是繁衍活动，同时也包含了感知快乐、确认关系和自我实现等侧面意义。在深层的心理学中，性行为被认为是生存延续的本能。这种生存延续的本能，既有想要停留在无上幸福状态的欲望，也包含把人推向毁灭的破坏性力量，即自我毁灭本能。总之，性行为是一种基本需要，可以说人的性欲直到死亡也不会消失。所以，在婚姻中无法感受到美好的性生活时，人所产生的消极情绪会引起极大的爆发力。

从医学方面讲，许多食物都会刺激我们的身体，产生所谓的性冲动。一种常见的蘑菇，在苏格拉底时代就被当作是能引起性欲的食物。而科学家也发现，形状古怪的块状菌类的确含有一种类似睾丸素的高浓度激素。

另一种最常见的兴奋剂就是酒精。每天晚上，我们来到酒吧里，喝下两杯酒后，就全身放松下来，一整天的疲劳和焦虑无影无踪。

其实从古代有酒以来，人类就用酒精来催生爱情。古希腊人在酒神节上求爱，罗马人后来也随着效仿。到了今天，一起外出开派对的青年男女，仍旧不会把红酒和啤酒忘掉。正是因为酒精，多巴胺才能进入大脑的快乐中枢，让我们彼此喜爱。而在一起饮酒的红男绿女，会对彼此的感觉尤为良好。但这种作用仅限于两情相悦，妄想用酒精来灌醉心仪的人，并不会有好的效果。

古希腊人相信兰花根能引起性欲。

总之，性爱在男女之间具有极其重要的意义，若想越过性爱直接构筑美好的男女爱情是不现实的。一对恩爱夫妻，自然有他们的生活诀窍，但其中性生活的和谐则是必不可少的。性事是夫妻恩爱的重要组成部分，在性事方面夫妻双方要遵循有益于身心健康的原则。不过，性欲是爱情的原始动力，但不是绝对动力。爱情没有尊敬就会变成支配和占有。如果只承认性欲的绝对作用，就把爱情庸俗化、片面化了。

## ≈ 幸福巅峰：调节你的性与爱

有一种广为人知的爱情叫作柏拉图式恋爱，又或者叫作精神恋爱。这种爱情强调精神交流，否定了性交的意义。因为它能升华人的精神世界，寻求灵魂的洁净而受到人们的赞美和向往。可我们都不是柏拉图，没他那么高的精神境界。况且，大多数人也不愿意像哲学家一样只注重精神交流。

在此不对柏拉图的性爱观点作过多探讨。劳伦斯说过："性交和爱情，就像生命和意识一样密不可分。"唐纳德·西蒙也说："男人因性而爱，女人因爱而性。"仅这两句耳熟能详的名言，我们就可以明白爱情走到后面理所当然地要进入性爱阶段。所以，不管你承认与否，爱情就是这样。

既然如此，我们就需要对性爱先做一个笼统的了解。性爱是求爱的终点站，它非常简短又分量最重。情侣们通过做爱验证自己的爱情并升华爱情。在做爱时，我们要触摸对方的身体敏感部位，唤醒情欲。比如先抚摸嘴唇、耳朵、脖子、胸部和大腿内侧，再直接对性器官进行刺激。这个过程对于两性而言意义不同，女人会认为是亲密，而男人则更多地将其看作性交。

在神经学上，做爱和吃饭、呼吸一样自然。它由神经系统的原始"内脏大脑"控制，主要包括视丘下部、脑垂体、中脑快乐中枢。这些神经系统控制着视觉、触觉、感觉、味觉、嗅觉，综合各种信号，引领情侣们冲破最后的防线，享受鱼水之欢。

其实，柏拉图在 2000 年前也说过："我们是不完整的，直到我们被别人所爱。"现在，我们也可以说："爱是不完整的，直到我们完成做爱。"如果性与爱之间的关系无法妥善地处理好，最终只会走向关系破裂。那么，我们应该怎样协调性与爱之间的联系呢？

1. 心理学家告诉我们，营造温馨的气氛是第一步。它能让双方放松下来，令紧紧绷住的神经得到舒缓，情绪回稳甚至变得愉悦，从而使得爱意迸发，为激情的性生活垫下浪漫、热烈的前调，从而达到身心交融。

许多小动作都可以营造温馨气氛。例如每周找一个晚上来个浪漫的约会，可以漫步海边，感受徐徐海风，也可以待在家中，来一顿烛光晚餐，而后两个人偎在一起静静地看视频节目。心理学家曾进行过一项情侣调查，其结果表明最有效的气氛营造法便是时常说些温馨的话语，以亲热的动作表达绵绵的爱意。一句简单的"我爱你"，能够激起伴侣心中层层的情意，一个轻柔的抚摸，可让对方心中的热情停驻。

2. 着手协调彼此间不同的"性"趣，改善性爱方法。能够影响性生活质量的元素多种多样，包括欲望强弱、对性爱的不同看法、需求的时间差、进行方式的不同偏好等。这全都需要双方努力协调，共同改善。要求对方改变从而全面贴合自己的意志，期望所有事情都按着自己的意愿来，这些想法全都是不可取的。

3. 注意两性的时差。同样是面对做爱这个亲密的话题，两性永远都有冲突，那就是时差。男人的性欲来得迅速，在触摸阶段就已表现得明显，所以男人会慌不择路。而女人则非常迟缓，她需要更多的关爱，尤其是精神上的沟通。更重要的是，在选择性行为的时间上，女人比男人更保守。所以，女人倾向于在婚后过性生活，而男人却是越早越好。但只要情侣双方能给对方足够的关爱，做爱的时差问题就没那么难化解。注意以下的这些信号，会让你们对做爱心甘情愿。

初次见面是精心安排，不是偶然邂逅。

约会过程中不会心不在焉，而是极为专注。

即使没有做爱，你们相处时仍旧非常愉快。

在被你忽视后，仍旧满足你的需求。

喜欢触摸你的手臂、肩膀或者背部，但不是饥不择食的样子。

做爱后为你整理衣服，帮你梳理头发。

牵手的时间超过抚摸的时间。

这些信号的流露会帮你确定他爱你超过性欲，也就是通常我们最向往的"真正爱情"。如此一来，做爱就变得有意义，而不仅是为了发泄性欲。

4. 千万不要将性当成挡箭牌。生活中，难免会出现一些制约、改变性生活的因素，主要包括：女方埋怨过多、好指责、爱轻视等，这些都会让男方产生不愉快的情绪，从而丧失"性"趣；当这段关系越来越多地陷入"高原反应"，彼此间的关系必然会开始变得淡漠，危机重重，对对方的情欲也会跟着大大降低。由这些因素所造成的性生活失和的问题，需要男女双方共同反省心态和情绪以解决。

5. 对待婚前性生活和一夜情要谨慎。根据人类学家的研究，婚前性生活在整个太平洋地区非常普遍，我们中国位于西太平洋，所以幸运地位列其中。美国大约80%的大学男生和60%的女生有过婚前性行为，通常还在20岁左右。在他们的性观念中，有过性行为的人比没有的好，而且初尝禁果不过是个过渡。更令人惊讶的是，人类学家爱德华·默多克曾做过一个调查，他那863个志愿者中，有2/3表示婚前性行为很少采取保护措施。所以，后来他在报道中写道："十五六岁的女孩在村里至少有一个情人，还不包括邻村。"

至于一夜情，性行为研究者威廉·马特斯和弗吉尼亚·约翰逊曾记录了一个案例。有个经历了很多次一夜情的 26 岁男子在遭受了一次拒绝后突然选择了忏悔，他意识到自己错过了一些事，不该忽略关心别人而只关注性欲。

此外，美国的《女性性爱红皮书报告》研究表明，拥有正常性关系的女人比那些沉迷于一夜情的女人更容易有性高潮。

所以，仅仅为了你那飘飘欲仙的感觉，在选择一夜情时，请三思而后行。

简而言之，和谐的性爱关系，幸福的婚姻生活，既离不开爱，也缺不了性。性是本能，没有它，人可以说是残缺不全的；若没有爱，人的生命也将会是萎靡不振的。男与女之间的结合说白了就是性与爱、灵与肉的结合。因为有爱，性可以名正言顺，所以，自古以来，人们从来都追求性与爱的完美统一。

**图书在版编目 (CIP) 数据**

亲密关系：爱情是哲学更是艺术 / 张卉妍著 . —
北京：中国华侨出版社，2021.3（2021.5 重印）
ISBN 978-7-5113-8314-3

Ⅰ . ①亲… Ⅱ . ①张… Ⅲ . ①爱情 – 通俗读物 Ⅳ.
① C913.1–49

中国版本图书馆 CIP 数据核字（2020）第 179518 号

亲密关系：爱情是哲学更是艺术

著　　者：张卉妍

责任编辑：黄　威

封面设计：冬　凡

文字编辑：胡宝林

美术编辑：刘欣梅

经　　销：新华书店

开　　本：880mm×1230mm　1/32　印张：7　字数：170 千字

印　　刷：三河市华成印务有限公司

版　　次：2021 年 3 月第 1 版　　2021 年 11 月第 3 次印刷

书　　号：ISBN 978-7-5113-8314-3

定　　价：38.00 元

中国华侨出版社　北京市朝阳区西坝河东里 77 号楼底商 5 号　邮编：100028
发 行 部：（010）88893001　　　　传　真：（010）62707370